中国脱贫攻坚
县域故事丛书

County-level Story Series on
Poverty Alleviation in China

中国脱贫攻坚
镇赉故事

全国扶贫宣传教育中心 组织编写

人民出版社

目　录
CONTENTS

第一章

不忘初心，方得始终

第一节　镇赉的情怀

镇赉县，隶属吉林省白城市，位于吉林省西北部，白城市东北部，总面积 4737 平方公里。西北部与大兴安岭外围台地相接，地势较高，中部多连绵起伏的漫岗地，东部与南部有嫩江、洮儿河环绕，江河沿岸是比较肥沃的冲积平原。地势由西北向东南倾斜，属于温带大陆性季风气候，四季分明。2010 年 11 月，中国野生动物保护协会授予镇赉县"中国白鹤之乡"荣誉称号。

镇赉县辖 16 个乡（镇）场，141 个行政村，458 个自然屯，农村人口 17.7 万人。其中贫困村 82 个，建档立卡贫困户 18884 户、共计 36077 人，是国家扶贫开发工作重点县、大兴安岭南麓特困片区重点攻坚县。为了打赢脱贫攻坚战，镇赉县确定了"三年任务、两年完成、一年巩固"的脱贫攻坚目标，同步建设美丽乡村。镇赉县认真贯彻落

1—1 美丽的白鹤

实中央和省、市决策部署,将产业扶贫作为精准脱贫的治本之策,积极围绕当地资源上项目,立足带动贫困群众稳定增收建机制,着眼扶贫资产保值增值抓监管,探索形成具有镇赉特色的产业扶贫模式。

脱贫攻坚战打响以来,镇赉全县深入贯彻落实习近平新时代中国特色社会主义思想和习近平总书记关于脱贫攻坚工作的重要讲话精神,高举与全国同步建成小康社会的旗帜,在省委、省政府和白城市委、市政府的正确领导下,凝心聚力,在攻坚中担当,在困境中奋进,向实现脱贫摘帽的目标发起决战,掀起了一轮轮奋力脱贫攻坚的热潮。

第二节　镇赉的奋进

1. 绿化美化打造农村"新生态"

从漫天飞沙到绿树成荫,镇赉县在村屯绿化美化规划、建设和管护全流程上下功夫,克服了降雨量小、土壤盐碱程度高、常年大风等自然条件,确保绿化"无死角"。经过数十年的努力,在吉林西部逐渐打造出新的绿色符号。生态立县实现绿化"村村通"

镇赉县位于吉林省西部,地处吉黑蒙三省(区)交界地带,松嫩平原中部。由于临近科尔沁沙地,加之处于盐碱地集中区,多数树木难以存活。过去,镇赉县多数农村少有植被覆盖,只有光秃秃的房屋和院落。每逢春天,大风刮起沙尘,当地人戏称"晴天一身灰,雨天一身泥"。

如今镇赉的村屯却是另一番景象:树木整齐排列,鲜花芳香阵阵,草木错落有致……自21世纪初,根据吉林省绿化美化的规划,镇赉县开始推进相关工作。近年来,镇赉县选择适宜本地气候特点的杨、柳、榆、樟子松等树木品种，搭配丁香、格桑花等花卉实施村屯绿化美化建设。围绕"生态镇赉"的建设，2019 年，镇赉县把组织实施村屯绿化美化建设与脱贫攻坚村屯环境综合整治相结合，与推进乡村振兴、改善农村和农民生产生活条件相结合，确定新增村屯绿化面积 4980 亩，全县 458 个自然屯全部实施绿化工程。镇赉县的森林覆盖率由 1998 年的不足 4% 提升到现在的 10% 以上，林草覆盖率达43.11%。

2019 年，镇赉县采取县财政投入、绿美村屯等项目资金扶持、本地部门帮扶投入、乡村组织自筹等方式，筹措资金 1930 万元用于村屯绿化美化建设。全县脱贫攻坚各包保部门发动各自干部职工，以投资投劳方式，参与到当地村屯绿化美化建设工作当中。镇赉县通过建立生态护林员和乡镇公益岗位为主体的村屯绿化美化专业管理队伍，实现长效管护。除加强宣传引导外，当地还将村屯绿化美化管护工作纳入农村"五好家庭"评比活动中，积极动员村民参与到监管活动中。

通过对环屯林、屯内主干道、屯内空闲地和农户庭院四个方面的建设，镇赉县村屯绿化美化采取不同方式，既保证工作质量，又尽可能实现绿化的全覆盖，不留"死角"。

环屯林建设方面。环屯林主要使用杨树、柳树这样的高大树木，以保障村内居民不受外部风沙侵扰。过去村外公路修建时，在道路两侧挖走了一些土方，留下 2 米左右的深沟。目前，村里已将深沟填平，栽植银中杨，并在道路两侧新建了排水沟渠。

屯内主干道方面。屯内主干道常使用乔灌木搭配方式，提升村内景观美感。在哈吐气蒙古族乡，该乡村屯多使用高大的银中杨与相对低矮的樟子松混合搭配。全乡已栽种银中杨等各类乔灌木 1.3 万棵，大棚内正培育 26 万株孔雀草、鸡冠花和百日草等花卉，待气温回暖后陆续装饰村内道路。

屯内空闲地建设方面。屯内空闲地过去往往是村民堆放垃圾的地方，通过实施绿化美化工程，能够提升整体的村容村貌。姜宏寅介绍，过去墙角下和沟渠内是炉灰、脏水和生活垃圾，环境卫生状况堪忧。经过整治后，村内种上了李子树，既美观，果实又可以食用。

农户庭院方面。农户家中往往不属于公共用地，当地鼓励农民种植果树等经济作物，带动农民积极性。庭院相对封闭，从栽培条件上也较为适合果树生长。2016年开始，莫莫格蒙古族乡乌兰昭村通过种植李子、沙果、苹果等果树实施庭院内绿化美化。村民既可以食用果实，也可以获取经济效益。

受制于气候条件和经济条件，镇赉县因地制宜，科学规划，打造高标准农村人居环境。全县已建设绿化覆盖率35%以上的高标准绿化村屯314个，村屯绿化美化总面积达13740亩。王志恒介绍，当地坚持选择包括银中杨、紫叶稠李、王族海棠、金叶榆等多个树种，购买6厘米以上的大径优质苗木。

镇赉各村屯通过专业规划，打造美丽乡村。个别村屯聘请了有资质的园林设计单位，多数村屯在县林草局、乡镇政府和林业站的指导下开展设计。园林设计一方面是颜色上的搭配，如黄色的金叶榆，紫色的紫叶稠李；另一方面是高矮上的搭配，即不同高度的乔木、灌木和花草。

针对植物难以在盐碱地上存活的现实情况，镇赉对于条件差的地段，采取"客土栽植"技术，挖走原来不适宜植物生长的土壤，回填满足绿化栽植土标准的土壤，保证树苗成活率。当地乡镇干部介绍，通过2018年栽植树木的情况来看，多数村屯树木成活率可以保持在九成以上。

村屯的绿化美化不只停留在植树造林工作当中。据了解，镇赉县农村工作主要集中在"两不愁三保障"，结合危房改造、道路硬化等工作，搭配相适应的村屯绿化美化工程。同时，良好的人居环境改造，也改变着贫困地区农民精神面貌，有助于当地巩固脱贫攻坚成果。

作为全国绿化模范县，镇赉将村屯绿化美化工作纳入全县的绿化

1—2 包保干部正在进行环境整治

美化工程当中，通过全盘规划提高人居环境改造的标准。下一步，镇赉县将继续围绕"三北"防护林体系建设和防沙治沙工程，整体推进城乡绿化美化工作。

2. 西北角上的决战

2018 年，镇赉县地区生产总值较前一年增长 6%；固定资产投资增长 5%；地方级财政收入增长 0.2%；社会消费品零售总额增长 2%；城镇居民人均可支配收入增长 6.5%；农村居民人均可支配收入增长 11.9%。2019 年 4 月 28 日，吉林省人民政府批准镇赉县退出贫困县序列。

面对艰巨的脱贫攻坚任务，镇赉县不等不靠，强化党政主导，坚持顶层设计，靠前指挥，以超常力度统筹调配资源，以超常手段加大要素投入，形成了多管齐下、齐抓共管的"大扶贫格局"。省、市、县三级包保部门下派驻村干部 528 人，包保干部 8935 人，对 82 个贫困村和 59 个非贫困村实现了包保全覆盖。

引入战区理念，赋予乡镇独立指挥权。包乡县领导和乡镇党委书记捆绑同责作为战区指挥官，对域内所有作战单元和帮扶力量实行统一领导，对包保部门、驻村工作队具有考核建议权和否决权，对村第一书记实行双重管理。

建立责任清单，强化督查问责。建立包乡领导、包保部门、驻村工作队、第一书记、乡镇、村 6 个层面责任清单。由县委、县政府联合督查室、县委组织部跟踪督查考核，对工作不力或存在问题的干部进行严厉问责。

在精准识别精准施策上，镇赉县将工作重心下移，触角延伸，恢复了村民小组长设置，接通了村级组织的"末梢神经"。针对三方评估和省市检查情况，开展多轮核查，形成部门联审长效机制，确保应纳尽纳、应出则出。在此基础上，严格执行贫困人口动态管理制度，严格执行贫困人口和贫困村退出程序，认真开展退出自查核验，坚决避免错退现象发生。

镇赉县精确瞄准"两不愁三保障"和各项退出指标，以钉钉子精神，强力推动政策落地、工作达标。

落实住房安全保障政策。在危房改造上，加大县财政补贴力度，创新提出了 D 级修缮除险加固模式，得到住建部和省住建厅高度认可，在全省进行了推广。3 年改造建档立卡贫困户危房 10314 户，贫困群众住房安全得到有效保障。

落实饮水安全保障政策。3 年累计投资 2.5 亿元实施安全饮水工程，让全县所有农村居民都喝上了安全水。

落实教育扶贫政策。全面落实教育免补政策。3 年累计落实免补和助学资金 282 万元，受益贫困学生 2089 人。实现全县义务教育阶段无因贫辍学学生。

落实健康扶贫政策。全县 141 个行政村都建设了标准化卫生室，并配备了合格村医。贫困人口参合率、常住贫困人口慢性病家庭医生签约服务率均达到100%，贫困人口慢病门诊医疗费实际报销比例达到80%，住院报销比例达到90%。全县18家定点医疗机构全部实行"先诊疗、后付费""一站式报销"。

落实社会保障和公共服务政策。积极推进"两线合一"，符合低保条件的贫困人口全部纳入低保救助管理；积极落实政府代缴城乡居民养老保险费政策，符合条件的贫困人口全部参保；大力加强农村公路建设，3年累计投资6亿元，修建村级道路1100公里，贫困人口出行难问题得到彻底解决，贫困村通客车率达到100%；持续强化农村用电保障，所有村屯都通有生活用电和动力电；大力实施农村环境卫生整治，人居环境基本达到干净整洁要求。

镇赉县把产业扶贫作为治本之策，突出县级层面顶层设计，依托大项目拉动、龙头企业促动、合作社带动，确保贫困群众通过产业增收实现稳定脱贫、不返贫。全县深入挖掘地域优势，因户制宜找

1—3 镇赉乡村新面貌

产业，量体裁衣上项目，大力实施光伏产业、棚膜经济、庭院经济、特色养殖，为贫困群众脱贫致富带来长期稳定的经济收入。2017年，农业农村大兴安岭南麓片区部际联席会议、全省产业扶贫现场交流培训班在镇赉县召开，镇赉产业扶贫经验推向全省。

3年来，镇赉不断推进产业扶贫模式转型升级，创新实施"政府企业贫困户"模式，由政府投资2.5亿元，建设覆盖59个非贫困村全部贫困人口的养殖产业扶贫基地4个，租赁收益用于非贫困村无劳动能力贫困户分红和购买村级公益岗位，吸纳有劳动能力贫困户就业增收。引导实施"合作社贫困户"模式，共创办合作社147个，带动贫困户17692户、32909人，每年每人可通过合作社分红300元以上。镇赉县立足光照资源优势，依托国家光伏扶贫政策优势，充分利用盐碱地投资3.1亿元，建设村级光伏扶贫电站项目，覆盖82个贫困村。

镇赉县还将棚膜经济和庭院经济作为推动农业供给侧结构性改革的"试验田"和扩大精准扶贫产业覆盖的"重头戏"。全县棚膜经济总面积达到13082亩，发展庭院经济农户68115户，实现了贫困村和非贫困村贫困户全覆盖。

镇赉县脱贫之路取得如此之大的成功，离不开党的领导与人民的无私奉献；离不开有效的执行力与人民的智慧。

第二章

产业扶贫"1+4+X"，
脱贫致富利于民

镇赉县在项目选择上，紧扣当地资源特点。立足平原地区地域广阔、光照充足、饲草丰富等特点，将产业方向确定到光伏和肉牛养殖上来，着力培育优势特色产业。镇赉县在组织实施上，创新产业"1+4+X"模式。认真克服以往扶贫项目分级下达、各自实施，产业群体"小、散、弱"的弊端，站在全县层面统筹谋划、集中实施光伏扶贫电站和养殖扶贫基地项目，建立了以分类施策、叠加覆盖为主要特点的"1+4+X"产业体系。分类施策，即针对82个贫困村，借

2—1 万栋日光大棚

助国家光伏扶贫政策，在每村建设一个500千瓦光伏扶贫电站，带动贫困村内2.3万贫困人口稳定增收；针对59个非贫困村，采取"政府＋龙头企业＋农户"模式。在此基础上分散实施庭院经济、万栋日光

2—2 光伏扶贫电站

2—3 庭院经济

2—4 中低产田改造

2—5 养殖基地

大棚、中低产田改造等产业项目，实现每个贫困户至少有两项以上致富产业，发挥叠加效应。不仅带动了农业产业化水平的快速提升，拉动了农民收入的快速增长，也推动了减贫目标的实现进程。

2—6 庭院经济欣欣向荣

2—7 村民在给自家山羊喂饲料

第一节　庭院经济

"镇赉人民早日奔小康，庭院经济来帮忙！"这是镇赉县在脱贫攻坚战中一张重要王牌。这项措施是脱贫攻坚集结了人民群众智慧的重要彰显。

镇赉县自 2017 年开始大力发展庭院经济，并且将庭院经济作为打赢脱贫攻坚战的一项重要精准扶贫产业来抓。以"一村一品""一村两品"为原则，从 2018 年开始，推进庭院经济可持续发展，为贫困户增收提供有力保障，取得了显著成效。

1. 庭院经济发展背景

镇赉县农户的庭院面积较大，在 2016 年调查统计下，全县 11 乡镇、141 个行政村，共有农户 41702 户，庭院总面积 91272 亩，户均 2.19 亩，可利用面积 68727 亩，户均 1.65 亩（包含养殖和加工等用地）。主要有以下几种模式：一是庭院种植，发展户数 1122 户，主要以蔬菜大棚、果树为主；二是庭院养殖，发展户数 5125 户，面积为 2223.95 亩，主要以牛、羊、猪、鸡、鸭、鹅、兔、貉等圈养方式养殖，经济总收入 3056.3 万元；三是庭院加工，主要以粮食加工、豆腐坊、小型木器加工、苇柳编织为主；四是第三产业，主要以小卖店、修理铺和休闲农庄为主。镇赉县大部分的庭院资源利用率不高，尤其是全家外出打工家庭较多，很多庭院闲置荒芜，还有东部水田区农户在庭院进行水稻育苗，插秧后育苗场地大多数都选择空闲，造成资源白白浪费。

2. 庭院经济发展情况

镇赉县把发展庭院经济纳入重要日程，实现了贫困村和非贫困村的贫困户全覆盖。养殖方面，全县发展猪，牛、马、驴、羊、鸡、

2—8 驴厂全景

鸭、鹅、貂、狐、貉、兔。

2018年，基本实现了农户全覆盖。全县庭院经济总收入8500万元，户均2000元。2019年，镇赉县所有农户实现庭院经济全覆盖，全部实现订单生产，庭院经济补贴覆盖所有农户。重点抓好4个"一乡一业"示范乡镇，每个乡镇都抓好2个"一村一品"示范村。

随着天气逐渐转暖，在镇赉县莫莫格蒙古族乡少力村明源华家庭农场养殖大棚内，前来购买鸭蛋的人络绎不绝，农场主人领着前来购买鸭蛋的客商拿着玉米叶编织的鸭蛋筐，走进鸭棚参观并收捡鸭蛋，看着满地待收的鸭蛋，不由让人心情格外兴奋。

客商狄政委说："我是蛋类经销商，慕名到少力村明源华家庭农场收蛋，这里的产蛋鸭以自然放养为主，在鱼塘和草甸子上觅食，吃的多是鱼虾，品质好。他们采用传统方法腌制的咸鸭蛋口感好、无公害、纯绿色，很受消费者欢迎。希望我们能够长期合作、愉快合作、互利双赢。"

由于春季鱼池塘水面还没有彻底解冻，农场暂时把鸭子饲养在大棚内，棚舍外宽敞的草甸成了鸭子的活动场地。"待鱼池塘解冻后，鸭子就会在水面上游戏，在草甸子上觅食、下蛋，那是一派原始的田园风景画。这时再来明源华家庭农场，观赏着农家自然美景、吃着农家风味的饮食，会让人产生一种来到世外桃源的感觉。"农场员工说道。

莫莫格蒙古族乡少力村明源华家庭农场是由村民周洪臣、周洪彬兄弟俩创办的。兄弟俩以前主要种植玉米，收入不是很可观。外出打工、考察，让他们有了一定收入的同时，也开阔了视野。2017年3月，兄弟筹措资金，办起了明源华家庭农场。"我们农场主要发展项目是水产养殖、畜禽养殖、绿色种植，现在水产养殖面积大约2000亩，有30亩垂钓园、鱼7个品种；畜牧养殖方面，繁殖牛50多头、鸭1600多只，还有鹅、野猪等；绿色种植方面，种有高粱，施用牛粪和鸭粪，绿色环保，果园现在4亩左右，种有6个品种的水果，初始投资 300 多万元，还将投入 300 万元至 500 万元左右，进行扩大生产。去年，农场开始采用传统方法腌制咸鸭蛋，口感特好受到了消费者欢迎，还远销到北京、上海、西安等地，我们注册了'娥瓜家康'商标，准备打造品牌商品，发展更好的绿色品牌，带动当地农民发家致富。"明源华家庭农场负责人周洪彬说。

明源华家庭农场经营效益好了以后，兄弟俩没有忘记那些贫困的乡亲，给乡亲们提供就业岗位、增加经济收入，帮助没有劳动能力的贫困户解决实际困难。联合当地养殖户共同经营，提升农牧业生产的专业化、集约化、标准化和商品化，提高产品附加值，带动当地畜牧产业发展，增加养殖户经济收入。

周春星说："我是少力村村民，在家庭农场喂牛，月收入 3000 多元，解决了家里的经济困难。"

对于未来的发展，周洪彬胸中早有规划。"农场准备走品牌化营销之路，进一步增强家庭农场的规范化管理水平和示范带动能力，向集约化、规模化迈进，带动更多村民增收致富。有党的好政策，有我

2—9 农户养殖的鸭子们

们吃苦耐劳的双手，我们的日子一定会更好、更有奔头。"周洪彬说。

3. 保障庭院经济发展的有效措施

镇赉县为确保庭院经济真正落到实处、发挥效益，成立了镇赉县庭院经济与棚膜经济项目工作领导小组，由县人大负责专门抓好此项工作。领导小组成立了三个推进组，分别由县人大主任和副主任带队，随时深入到村屯进行检查指导。各乡（镇）也成立了相应的领导组织，并指定专人负责此项工作，每个村也成立了由"第一书记"和村干部组成的小组。各小组立即进村入户，做好宣传发动，形成了县级领导干部包乡，乡（镇）领导干部包村，村干部包户的层层责任包保机制。

镇赉县制定实施方案，明确发展目标。每年都下发了《镇赉县庭院经济发展工作实施方案》，明确"三个全覆盖"发展目标。一是农户全覆盖。要求每个农户都要将庭院最大面积收拾出来，种上经济作物。二是补贴全覆盖。为提高农户积极性和扩大规模效应，在庭院经济品种上力推"一村一品"，由县财政对所有发展庭院经济的农户进行补贴。三是订单全覆盖。为群众解决在销售上的后顾之忧，积极动员各类农民合作社、农产品加工企业与农户签订订单，同时，将发展庭院经济作为精准帮扶的四项任务之一，采取帮扶单位帮销、第一书记代销、帮扶责任人促销方式，保证农民利益。各乡（镇）结合本地实际，也制定出切实可行的实施方案。

首先，镇赉县制定统筹规划，打造庭院经济特色发展。结合庭院经济地域特点和资源优势，发挥旱田区乡镇资源和区位优势，以种植小冰麦、草莓、大葱、花生、甜瓜、蔬菜、果树等为主，发展近郊农业；利用水田区乡镇水稻育苗大棚资源，以种植大豆、马铃薯、花生、西红柿、韭菜等为主，发展棚膜经济，为贫困户提供技术指导，让小庭院发挥大效益。

其次，镇赉县精细研究，构建庭院经济持续发展模式。着力推进"合作社＋农户""企业＋农户"产业发展模式，与农户签署回收订单。为群众送技术、送信息，把科技培训搬到庭院地头，让群众不出门就能获得技术支持。

2—10 庭院菜地

最后，镇赉县加强领导，发挥包保帮扶作用。各部门积极解决贫困户生产物资缺乏问题，帮扶干部与群众同吃同住同劳动，以实干精神感动群众。

随着全县庭院经济产业的蓬勃发展，庭院经济将成为贫困户持续增收的有效途径，更将成为全县贫困人口稳定脱贫的重要保障。

镇赉县每年都利用冬春农闲季节，组织全县农业技术人员深入村屯，针对农户发展产业专门开展了技术培训。同时，县农业农村局成立了11个农业技术服务小组，每个乡（镇）各配备一个服务小组，还为每个村配备1名技术员，专门负责庭院经济技术跟踪指导，确保农户庭院经济所生产的产品的产量和质量。

4. 庭院经济新提升

为使发展庭院经济工作健康有序开展、取得显著成效，镇赉县同时计划做好以下几方面工作。

继续加大宣传和扶持力度，巩固发展成果。

各乡（镇）总结和培育典型村、典型户成功经验，通过示范引导，逐步转变群众落后观念，增强发展庭院经济的自信心，引导农民

2—11 村镇干部下乡视察

发展高产高效的庭院经济模式。同时，积极争取上级资金支持，并动员农民自筹和广泛吸纳社会资金的投入，协调银信部门优先安排生产贷款。

强化技术指导服务。各级农业技术部门成立的技术服务小组随时深入到农户进行技术指导，保证庭院的产量、质量和效益。

全力拓展市场，保证产品销路。各乡（镇）和帮扶部门要走出去，为没有企业和合作社带动，没有订单的农户寻求产品销路，争取所有农户全部签订订单。一方面，主动与大企业、大超市、合作社及农产品经纪人协商，包装产品，打出品牌，争取更多订单；另一方面，探索互联网、微信、微商等现代化营销方式，防止农产品出现滞销现象。

做到全面落实。实行县级领导包乡、乡级领导及包保部门包村、包村干部、第一书记及村干部保户的三级包保责任制，达到全县范围内所有农户的庭院全部发展庭院经济，不留死角。县庭院经济工作领导小组每月召开一次例会，听取各乡镇、各部门工作进展情况汇报，并随时随地对各乡镇、各部门工作开展情况进行随机检查。县联合督查室不定期进行督查，对工作态度积极，保质保量完成目标任务的单位提出表扬。对推诿扯皮、工作不力、没有按标准完成任务的进行通报批评。同时，农业、畜牧等相关部门要结合各自工作任务，分别成立专门的技术服务小组，分赴各乡镇加强对农户的技术指导，确保每个农户庭院经济都能见效。

继续加强巡回检查。庭院经济工作推进组要定期检查、不定期随机抽查，检查不仅包括示范村，也包括一般村屯。同时，县委联合督查室定期调度，及时向县委、县政府报告最新进展情况。

第二节 光伏扶贫电站

自脱贫攻坚以来，镇赉县委、县政府结合本地光照和土地资源优势，综合考虑光伏产业收益率高，运行和收入相对稳定等因素。镇赉县推进光伏产业扶贫拓宽贫困户增收新路径。

1. 立足实际，探索项目持续发展模式

镇赉县为了解决土地和电网接入条件问题、节约建设成本，统筹整合财政涉农资金 3.1 亿元，将 82 个村级电站集中调整建设 21 个小型发电站。截至 2017 年，完成建设点 21 个，实现了年产值 5420 万元。每个贫困村平均上网电价 0.88 元/度，年均电收入可达 66 万元。

扣除公司运维费、保险费和税金 6 万元外，每个贫困村年均增收 60 万元，项目可持续稳定收益 20 年。

2.精细研究，构建项目带动新模式

镇赉县为进一步壮大集体经济和提高贫困户稳定增收，积极谋划，深入研究，采取"政府企业 + 合作社 + 贫困户"的运行模式，项目发电上网后，由国家电网按上网 0.8 元 / 度电价将资金兑付给"企业"；电站将收益扣除运维及税费后全部上缴"政府"进行统一分配；政府对"贫困户"实行动态管理。各乡镇、村设置公益岗位，让有劳动能力的贫困户从事保洁等公共服务事业，激发贫困户内生动力，确

2—12 建造成功的光伏扶贫电站

保光伏扶贫收益长期发挥作用。

3. 拓宽模式，延伸产业链条

镇赉县为进一步提高光伏土地利用率和产出效益，采取"借光"发展、科技兴农等多模式助力脱贫。提高土地产出效益，带动贫困户就业。

第三章

政府与民心连心，多种举措助脱贫

为了打赢脱贫攻坚战，镇赉县确定了"三年任务、两年完成、一年巩固"的脱贫攻坚目标。前两年自我加压，率先完成脱贫摘帽任务，一年巩固兜底，确保不拖全市、全省后腿，同步建设美丽乡村。

　　在精准识贫定贫上，杜绝凭关系、凭感情、凭印象打分，坚持严把"三关"，用最严格的标准和办法识别贫困。严把程序关，严格实行"五步工作法"，即一进二看三算四比五评议；严把检查关，认真开展"回头看"，组建4个精准识别督查组，按照不低于10%的比例抽样检查，组织易村交叉审核互检；严把标准关，坚持"十二进、六不进"，卡死建档立卡门槛。十二进是指建档立卡贫困人口必须是因病、因残、因灾、缺水、缺土地、缺技术、缺资金、缺劳动力、交通条件落后等原因致贫的；六不进是指在城镇购买商品房或高标准装修现有住房的、家庭拥有小轿车和运输车辆的、拥有大型农机具的、经商办企和长期雇佣他人从事生产经营活动的、属于财政供养人口的、家有公职人员的，坚决排除在建档立卡之列。住建、交管、财政等部门负责提供信息，经过2个多月的反复筛查比对，精准确定了建档立卡贫困人口，夯实了扶贫工作基础。在精准建档立卡上，首先，抓填写标准。强调在信息录入上，做到真实准确，表册一致。在脱贫措施上，实现产业全覆盖，项目、规模、资金、效益"四落实"。在填写方法上，坚持从群众中来，到群众中去，尊重群众意愿，获得群众支持。其次，抓培训示范。县扶贫办举办了建档立卡培训班，后期针对各乡镇、村填写不规范的问题，又在镇赉镇新立村召开了精准建档立卡现场会，进一步规范了建档立卡工作。再次，抓督查指导。县扶贫办、包保县领导、县委县政府联合督查室,分头深入到各乡镇、村,对建档立卡工作进行了多轮次的督查指导。

在贫困户类别划分上,按照贫困程度,把全县贫困户划分为三大类,即三星贫困户4464户、8444人;二星贫困户6989户、13464人;一星贫困户8329户、18203人。在产业谋划上,提出了"不落户、全覆盖"的开发式产业扶贫原则,针对所有贫困户,因户制宜、量体裁衣,每户确定至少一个产业扶持项目。根据不同类型的贫困人口,逐一拉单子、定项目、落责任,确保资金跟着项目走、项目跟着贫困人口走。全县共谋划7大类扶贫产业、116个扶持项目,计划投入资金2.3亿元。在此基础上,制定了四表一图一册。四表,即县乡村户产业项目表,层层汇总、层层接续,产业项目一目了然。一图,即县域产业布局图,实行挂图作战,明确产业规划布局,一乡一业,一村一品。一册,即扶贫手册,详细填写家庭状况、贫困类别、致贫原因、脱贫措施、帮扶单位、脱贫年限、包保干部和扶贫成效等信息,做到了扶贫"一册清"。在产业推进上,制定了自建自营、集体经营、联户经营、合作社领办、委托管理和承包租赁六种产业扶贫方式,进一步规避了经营风险,稳定增加农民收入。在资金整合上,全县筹措可控扶贫资金共5.7亿元,目前已拨付使用1.56亿元。

按照全省脱贫攻坚包保帮扶工作安排,省直12个部门包保该县15个贫困村,市直20个部门包保该县10个贫困村,县直部门包保57个贫困村。2021年年初以来,省、市、县三级联动包村落户,坚持不脱贫不脱钩,使真劲出实招,取得了较好的阶段性成果。春节前,省、市、县三级帮扶部门就已经全部完成对接,并走访慰问了部分贫困户。同时,结合村情实际,帮助制定了产业发展规划和年度产业计划。重点在村屯规划、种植结构调整、劳务输出、特色种植等方面提供咨询、指导、服务和具体帮扶措施。根据目前帮扶方案估算,省市县三级部门计划帮扶项目150余个,计划投资5000余万元。省市县帮扶部门都成立了驻村工作队,制订了包保帮扶工作计划,重点协助包保村做好入户调查和产业谋划，并完成了党员干部"一对一"结对帮扶对接。县级共包保贫困村57个、非贫困村59个，贫困村由25名县级领导、114个县直部门、4000多名党员干部结对帮扶，非贫困村由所在乡村党员干部结对帮扶，确保了包保不漏村、不落户、户户有干部。

第一节 "春风"助力就业

镇赉县很快确定了人口自然状况，总人口28万，农业人口16.8万，劳动力9.8万，其中贫困劳动力8411人。在摸清人员底数后，分别建立台账：一是全县劳动力全员台账，二是全县贫困劳动力台账。做到底数清，任务明，措施到位。

1.就业措施齐发展

加大人力物力投入。每个自然村配备一名公益岗，进行村民人口变化实时监测，掌握翔实数据，做到数据动态监测，同时确保"吉林智慧人社"就业信息管理系统数据动态更新；资金保障，帮助村民求职打工及时、快捷高效，每个行政村投入3000元，用于相关政策扶持，重点村重点扶持。

建立半小时服务圈。为141个行政村不会使用智能手机年龄偏大人员设置"半小时服务圈"。兼顾到农村没有和不会使用智能机的年龄偏大人员，在每个村部为其搭建资源共享、互利互惠的"一站式"服务平台，特别是建档立卡贫困户求技术、求法律、求岗位等实际困难集中的问题，开展了"半小时就业服务圈"争创工作。让村民跑一趟就能解决相关事宜。在村级单位设立法律咨询台，单设就业创业窗口，提供相关资料，解答相关法律知识。同时发布域内外用工信息，只要不挑不拣都能实现就业。

发放用工信息到乡、到村、到户。为切实搭建贫困劳动力与用工企业供需平台，发挥县、社区、镇（乡）基层公共就业服务机构和家庭服务社区工作站的作用，入户发放用工信息累计 150000 份，在乡镇与村都建立"微信群"以群发形式把最新用工信息发到各个联络群，建立与企业联动机制，招收一批对接就业一批；引导劳务派遣公司、劳务经纪人积极与发达地区、经济开发区、工业园区和大型企业开展劳务协作，组织贫困人员转移就业一批。

建立扶贫车间。镇赉县就业服务局帮扶车间的优势在于足不出户做到脱贫致富，产品制作针对家里上有老人下有子女需要照顾的家庭，想要勤劳致富却苦于无法脱身的农村广大妇女及无法从事重体力劳动人群为主。扶贫车间针对农村这一人群，采取村为单位集中免费培训，由厂技师带队亲临指导，学员掌握技能后，以脱产方式进行产品制作，个人把原材料带回家，利用空闲时间进行加工，不会与照顾家庭产生冲突，解决了家庭与工作的矛盾。帮扶车间带给参与人员的最大动力就是所有加工的产品，都是先有订单，然后根据个人加工速度自行申报产品个数，完成作品直接结算。在行动就有回报的前提下，几乎不需要宣传，彼此交流就扩大了影响力，解决了农村闲置劳动力的问题。目前建立比较有影响力和带动能力的扶贫车间 2 处。

高质量示范村。2018 年建立三处高质量示范村，外出就业人数、创业人数都符合相关标准。目前我县累计建设 6 个高质量示范村，这些高质量示范村引领带动其他村朝着高质量就业方向发展。

2. 农村劳动力转移就业

工作信息无纸化报送交流。建立县、镇（乡）、村干部群众就业微信工作群，采取单位（居住村）＋姓名的实名制模式。群内所有发言限定在学习、工作方面，除涉密事项外，群内成员对阶段性重点工

3—1 镇赉县 2018 年举办的"春风行动"

3—2 镇赉县夏季招聘会

作、工作难点都可通过微信群开展讨论、深刻分析、集思广益，还可以下达工作任务、汇报工作情况、交流工作经验、收集意见建议，彼此相互监督，低成本、高效率，发挥上情下达、下情上达的作用。

用工信息及时推送。广大群众农闲打工创收实现"零"跑动就业。各用工单位或个人可以通过微信沟通就业服务局用工平台，通过微信群发布用工信息和创业好项目，县里发放到乡镇（社区），乡镇发放到各村微信群，使群众足不出户掌握用工信息，群众"零"跑动就可以实现就业，做到足不出户掌握用工信息。

招聘会累计 8 场、利用农村大集送岗下乡 18 次，促进劳动力转移。将转移就业扶贫、助推创业扶贫、精准培训扶贫、人才支撑扶贫等相关政策法规、服务项目，通过招聘会、村务公开栏、乡镇"大集"、入户家访、政策讲解等灵活多样形式，送到建档立卡的农村贫困劳动力手中。让创业就业的建档立卡农村贫困人员充分了解政策、掌握政策、享受政策，以发挥政策的最大效用。2017 至 2019 年累计进行劳动力转移 14.8 万人次。

3. 农民工返乡创业

继续推进农民工等人员返乡创业培训。2017—2019 年累计培育返乡创业带头人 132 人；继续推动农村富余劳动力转移就业。

降低返乡创业门槛。县里出台相关政策，推动返乡创业。

加大返乡创业贷款支持力度。2017 年至 2019 年 9 月累计发放贴息贷款 3760 万。

4. 全面提高劳动力素质

2017 年至 2019 年 9 月末，开展各类培训共 9613 人次，为域内外用工企业不断提供有技能劳动者。其中技能培训 2050 人次，创业和网创培训 1000 人次，农村转移就业劳动者技能培训 3835 人次，农民工向农技工转型培训 400 人次，贫困村返乡创业致富带头人培训 132 人次，"两后生"免费技工教育 105 人次，"巧姐"培训 100 人次，残疾人技能培训 100 人次，电子商务培训 100 人次，退役士兵培训 100 人次。

5. 就业信息管理系统应用

为全面配合落实省委省政府《全面推进"只跑一次"改革实施方案的通知》（吉政发〔2018〕6 号）要求，镇赉县就业服务局立即开展"吉林智慧人社"就业信息管理系统培训工作，同时进行数据信息摸底工作，对 141 个行政村长期居住的流动人口、外出务工人员进行摸底调查，为就业信息管理系统数据录入做好初级准备工作。

目前"吉林智慧人社"就业信息管理系统于 2019 年 1 月 1 日全

3—3 镇赉县劳务经纪人培训班

3—4 "果树栽培"劳动力技能培训

3—5 镇赉县就业信息管理系统培训班

3—6 镇赉县贫困劳动力培训

面启动。农村劳动力及非劳动力城乡所有商服企业等数据迁移工作全面开展，截至 2019 年 9 月末镇赉县农村劳动力及城镇居民数据完善已经达到 19 万人以上，为全面实施大数据整合，提供了基础数据支持。小额贷款、致富带头人等各种培训申办均在网上办理。

第二节 "送教上门" 助教育

下一代的教育决定了镇赉未来的发展方向，教育无论在脱贫攻坚战还是整个社会的良性发展中都是重中之重的环节。为了保障教育不落下，镇赉县做出"送教下乡"的工作安排，为乡村振兴保驾护航。

教育扶贫工作是落实精准扶贫机制、增强扶贫内生动力、阻断贫困代际传递、加快脱贫致富步伐的一项重要举措，是专项扶贫的重要内容。为全面实现我县脱贫攻坚的总体目标，扎实推进我县教育帮扶工作，开展教育扶贫。

教育局对全县义务教育阶段辍学情况进行了认真核查，全部达标。义务教育阶段无因贫辍学等现象发生。建档立卡贫困户学生统计情况。全县共有建档立卡贫困学生1537人，享受补助学生1414人次，发放地方补助资金68余万元。

1. 开展多种教育项目

对全县辍学学生开展调查摸底工作；建档立卡贫困学生享受地方免补资金；认真落实国家、省师生资助政策；改造薄弱校；全县寄宿制学校情况说明；落实农村义务教育阶段营养餐改善计划；落实农村教师生活补助政策；宣传教育扶贫政策；做好全局驻村帮扶工作（资金投入，包保帮扶）。

镇赉县坚持"以人为本"理念，本着"水滴石穿爱之源，铁杵成针耐之功"的办学理念，全力保障县域内残疾儿

3—7 图为镇赉县"共青团·我的大学"公益助学金

童教育平等性。积极探索对重度适龄残疾儿童少年开展"送教上门"工作，特制定镇赉县特殊教育学校"送教上门"服务工作实施方案。

"送教上门"服务的对象大多数是程度较重、无法自理、无法到学校入学的残疾儿童少年，实现"零拒绝"的方式入学。我校送教上门工作注重发展残疾儿童少年的教育潜能，提高认知能力和适应生活、适应社会的能力，让他们体会到生活的美好、快乐，更好地享受生活。

2.走进残疾儿童家庭，实施一对一教育康复服务课程

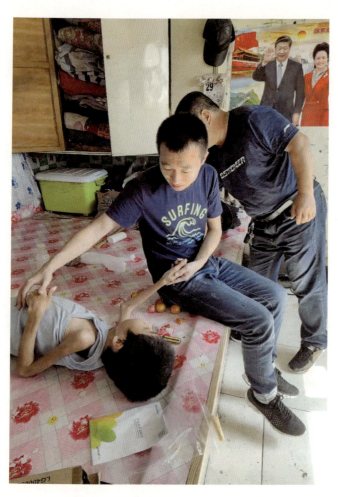

3—8 志愿者看望残疾儿童

教育形式主要针对残疾儿童少年的具体情况，采取教师直接教、家长网络远程指导教、联合爱心人士辅助教等方式，实施一对一的送教上门服务。每月每生送教上门2次（包括寒暑假），为每位送教学生建立送教档案。

"送教上门"具体实施工作以送教教师为核心，以"送教上门"服务对象所在辖区的学校老师为和爱心人士助教为补充，针对每个残疾学生的特点，有针对性地开展个别化教育与康复训练，真正实践医教

结合，聘请专业医生进行指导，实施教育与康复双向服务。

3. 送教上门目标明确

在送教上门中，镇赉县目标明确。"送教上门"工作分三个阶段：

3—9 送教教师与家长亲切交谈

3—10 送教上门开展数字化教学

送教对象管理统筹；入户家访；正式启动"送教上门"工作。走进残疾儿童家庭，实施一对一教育康复服务课程。

一是发现天才儿童或超常儿童。这类儿童多数智力高度发展或具有某方面的特殊才能。发现后重点培养，让其成为对社会有贡献的人。二是从自理能力等方面进行知识、技能的培养，让这些孩子成为自食其力的人。三是减轻这些孩子家庭负担，让这些重度残疾的孩子学会享受生活，享受快乐和情谊。四是对极重度的残疾学生，特别是家庭贫困的残疾学生，学会享受生活的美好，感受到党的温暖。

"送教上门"工作送的是知识与技能，也是情谊与快乐，把党的温暖送到每一位残疾孩子家庭。送教上门服务是一项长期的特殊教育工作，平凡而艰辛，任重而道远！只要我们心中有爱，"关注于心，关爱于行"，用实际行动切实保障这些特殊儿童受教育的权利，体验到受教育的幸福，提升他们的生命质量。

第三节　脱贫致富路，小额信贷来帮忙

脱贫并非想象那么简单，在一穷二白、没有任何资本的情况下，巧妇难为无米之炊。为了解决这一问题，镇赉县通过小额扶贫信贷来帮助贫困户解决这一棘手的问题，让真正想办法脱贫的人民有了出路。

按照《吉林省扶贫小额信贷工作实施方案》要求，镇赉县于2016年5月即着手安排部署扶贫小额信贷工作。截至2019年6月底，累计发放符合贷款贴息条件的扶贫小额贷款1.9亿元，有效解决了贫困户生产资金短缺的问题。

一是突出顶层设计，推进扶贫小额信贷工作。该县成立了以县长为组长的领导小组，专项推进扶贫小额信贷工作。小组与农商行协调沟通，双方签订了合作协议，经反复推敲，征求意见，于2016年9月正式出台了《镇赉县扶贫小额信贷工作实施方案》，按照吉林省方案要求，贫困户申请扶贫小额贷款贴息时间从2016年1月1日开始执行。2017年以来，为进一步规范全县脱贫攻坚运作程序，县级成立了金融扶贫工作组，由常务副县长任组长，组织协调全县金融扶贫工作。

二是突出风险防控，探索担保新模式。镇赉县在农商行开立了扶贫小额信贷专户，并于2016年5月和11月，利用财政专项扶贫资金分两次共注入1000万元风险担保金，通过农商行放大10倍，扶贫小额信贷发放规模为1亿元，进一步满足贫困户申请贷款发展种养殖业的需求，2017年2月，将扶贫小额信贷贴息贷款上限由2万元提高

3—11 让孩子享受快乐童年

3—12 为儿童提供益智玩具

到 5 万元。

三是创新担保方式，开展评星授信工作。为贫困户提供免抵押免担保贷款，从 2016 年 9 月份开始，农商行和扶贫办组织各乡镇、驻村工作队开展了为期 2 个月的评星授信工作。信用等级严格按照"统一标准、公开评定、差别授信、动态管理"的原则进行管理，并设立了信用等级对应的星级标准。按"五星至一星"由高到低排序。授信额度测算标准分别为：五星级授信额度上限 5 万元，由高到低依次分别为 4 至 2 万元，一星不予授信。评星授信每一本信用等级证都有银行工作人员、乡镇干部、村干部、驻村工作队和户主签字，确保信息真实准确。

四是扩宽贷款渠道，提供贷款贴息保障。认真开展贷款户贴息交叉审核，及时发放贷款贴息。除扶贫小额贷以外，县农行还开设了"吉农牧贷"和"金穗脱贫贷"扶贫专户，分别为贫困户、合作社和带动贫困户的龙头企业提供扶贫贷款支持，每户贫困户享受财政全额贴息的最高贷款限额为 5 万元。为避免重复贴息，我县制定了镇赉县《扶贫贷款贴息管理办法》，由扶贫办牵头审核，县农行、农商行配合提供贷款贫困户名单，剔除重复贷款人员，保证每个贷款户只享受一次贷款贴息，确保资金安全。

1. 基本情况

（一）发放情况。自国家脱贫攻坚启动以来，镇赉农商行按照省委省政府、县委县政府关于脱贫攻坚工作的相关部署，紧密配合县委县政府脱贫攻坚工作，以扶贫小额贷款为金融扶贫的主要手段，为我县的脱贫致富送上了"及时雨"，有效的助推了镇赉县的脱贫攻坚工作，为全县打赢脱贫攻坚战提供了强有力的金融支撑。在 2016—2019 年度，镇赉农商行累计发放扶贫小额贷款 21192 万元、累计支持了 4768 户贫困户脱贫致富，其中：2016 年发放 1517 户、金额 5880 万元，2017 年发放 1285 户、金额 5359 万元，2018 年发放 1471 户、金额 8227 万元，2019 年发放 495 户、金额 1726 万元。截止到 2019 年 8 月末，存量扶贫小额贷款 1,413 户、贷款余额 5811 万元。

（二）回收情况。截止到 2019 年 8 月末，镇赉农商行累计到期扶贫小额贷款 15381 万元，累计收回 15381 万元，扶贫小额贷款到期贷款回收率达到 100%，实现了无逾期管理，真正做到了"户贷、户用、户还"。为了防范贷款风险的发生，镇赉农商行主要实行以下风险防控措施：一是在贷款发放时，镇赉农商行认真规范扶贫小额信贷管理，按照县扶贫办下发的风险管控意见，对于新发放的小额贷款实行银行、村委和乡镇三方共同审批管理制度，依据贫困户的申请用途，合理确定授信额度，确保每一笔贷款资金均能投到贫困户生产经营当中，都能够促进贫困户脱贫增收致富；二是为了确保扶贫小额贷款的发放工作可持续实施，县委县政府建立了风险补偿金制度，由县扶贫办与镇赉农商行签订了《扶贫小额信贷合作协议》，县财政局与扶贫办在农商行开立扶贫小额贷款专用账户，并按照1：10的比例放大倍数存入风险补偿资金1000万元，在贷款形成逾期后，经过起诉等手段确实无法收回时，按我行承担30%、县扶贫办承担70%的比例扣收保障金；三是虽然建立了风险补偿机制，对扶贫小额贷款有了基本保障，但也可能让各支行放松对贷款把控，降低贷款准入的标准，认为"反正有保障金，放了收不回来能够扣划，可以保证信贷资金不遭受损失"，存在着把控力度不严、标准下降的情况。为了确保上述情形不发生，镇赉农商行要求各支行行长为扶贫小额贷款的第一责任人，无论金额大小，必须有支行行长亲自把关，要对贫困户进行认真调查、走访和确认，保证每笔扶贫小额贷款都能够放得出，收的回。

1. 工作经验

（一）统一全员思想。精准脱贫是党的十九大提出的全面建成小康社会必须打好的三大攻坚战之一，也是乡村振兴的前提和基础，而金融扶贫是输血式扶贫变为造血式扶贫的重要渠道，并且在推行政府扶贫政策和促进贫困地区经济发展的过程中起到不可替代的重要作用。为帮助贫困群众实现早日脱贫致富，我行把金融扶贫作为一项长期重要的政治工作来抓，把金融扶贫工作与商行经营发展相结合，全面提高全辖高管员工对扶贫工作的认识，保证了扶贫小额贷款工作的开展成效。

（二）制定扶贫办法和政策。我行根据县实际情况，制定《镇赉农商行精准扶贫工作方案》《镇赉农商行扶贫小额信用贷款管理办法》，结合镇赉县脱贫攻坚实际情况，镇赉农商推出了扶贫小额信用贷款，该贷款品种无担保和抵押，随用随贷，解决了建档立卡贫困户生产、生活中的融资难题，帮助全县贫困人口发展生产，增加收入产实现了早日脱贫。

（三）开展星级评定。本着客观、科学、公正、自愿的原则，县扶贫办、各乡镇及镇赉农商行组成联合评定小组，针对建档立卡贫困农户的实际情况，按信用等级对应的星级标准确定授信额度，设立五个星级标准，按"五星至一星"由高到低排序，其中：五星授信为5万元、四星为4万元、三星为3万元、二星为2万元、一星不予授信。

（四）开展宣传讲解。通过印制宣传单和宣传海报、举办培训讲座等方式，加大金融扶贫政策的宣传力度，在2016—2019年期间，先后对全县第一书记、扶贫工作队员、村干部培训4次，由我行金融扶贫政策宣讲员对扶贫小额信贷的定义、贷款条件、申请流程、评级授信、贴息流程等金融扶贫政策进行讲解，真正让扶贫政策走入千家万户，大幅提高了贫困户和扶贫人员对金融扶贫政策的知晓率。

（五）强化绩效考核。一方面，我行对凡是发放扶贫小额贷款的支行，在统计全年收息任务完成情况时，均按正常农户贷款利息计算，从而确保了各支行投放扶贫小额贷款的积极性。

另一方面，与年度评先选优挂钩。对各支行提出了具体要求，必须全力满足符合准入条件的贫困户，把满足贫困户的贷款需求作为衡量各支行投放积极性的标准，对于出现贫困户应贷未贷的情况，在确认核实后，在年末评先选优中实行一票否决。

（六）做好贴息工作。按照《扶贫小额贷款管理办法》的规定，贫困户在贷款到期前将贷款结清后，我行逐户建立《扶贫贷款贴息台账》，并集中向扶贫办提出贴息申请，再由乡镇和扶贫办共同签字确认贴息名单及贴息金额后，县财政将贴息资金下划到各支行，再由各支行将贴息资金批量划至各贫困户银行卡账户。2016—2018年度，共计贴息4388笔、金额426万元，其中：2016年贴息31万元，2017年贴息150万元，2018年贴息245万元。

3. 取得成效

（一）贫困户的脱贫信心得到了增强。通过以扶贫小额贷款为载体，强化金融扶贫宣传，并及时给予金融帮扶，使贫困户坚定了致富的信心，成功地实现了由"输血式"扶贫向"造血式"扶贫的转变。同时，通过资金支持，不仅解除了他们在生产经营中缺少资金的后顾之忧，而且极大地提高了他们扩大生产经营规模的积极性，让贫困户走向了致富有门路、生产有资金的良性循环，真正改变贫困群众等、靠、要的落后观念，实现贫困群众从"帮我扶贫"向"我要脱贫"观念的转变。

（二）农村诚信环境得到不断改善。对贫困户的星级评定，完善了农村信用环境的评估体系建设，对贫困农户的信用信息征集与评价，有利于严厉打击各种逃、废、债行为，不断提高农户主体的信用意识，营造良好的农村信用环境。另外，通过金融精准扶贫，在我县贫困户中建立诚信体系，让群众自己教育自己，对推动我县社会的文明与法律建设也大有裨益。

（三）帮助贫困户实现了增收节支。2016—2019 年度，镇赉农商行累计发放扶贫贷款 4768 户、金额 21192 万元，按照正常农户融资成本计算，四个年度为贫困户节省支出约 1500 万元，为贫困户脱贫致富做出了较大贡献。

4. 未来工作

镇赉农商行将立足本职，总结经验，继续全面落实县委县政府的脱贫攻坚工作。

（一）继续加大宣传力度。为了让更多的贫困户知晓扶贫政策，扩大宣传面，镇赉农商行将继续加大对扶贫小额贷款的宣传力度，扩大金融扶贫的影响面和影响力，力争让更多的贫困户享受到国家扶贫

3—13 村民们收到免费的药品喜笑颜开

政策，让金融扶贫的成效更加明显。

（二）继续深入开展信用评定工程。按照"政府主导、人民银行牵头、各方参与、服务社会"的工作原则，持续开展农村信用工程建设，为我县贫困农户、农民专业合作社等农村经济主体建立信用档案，继续推进信用户、信用村、信用乡镇评定工作。弘扬"守信有奖、失信难行"的诚信文化，提高客户的信用意识，营造良好的农村信用环境。

第四节　兜底行动，幸福万家

除此以外还有一部分贫困户没有足够能力自主脱贫，这就需要政府格外的关注。为解决这一问题，镇赉县制定了健全的兜底保障措施，保障这部分贫困人群的基本生活。

在脱贫攻坚工作当中，民政部门承担着困难群众基本生活兜底保障职责。近几年来，镇赉县民政部门坚持兜底保障的基本定位，用足用好用实惠民政策，让困难群众共享社会发展的成果，扎实推动民政领域脱贫攻坚工作有序开展。

1. 工作开展情况及主要做法

截至 2018 年年底，全县农村低保对象共 21329 人，其中建档立卡贫困户 14290 人。全县农村特困人员共 1323 人（集中供养 165 人，分散供养 1158 人），其中建档立卡贫困户 877 人。

（一）完善政策措施。制定了《镇赉县加强农村低保制度与扶贫

3—14 服务人员到贫困户家中送温暖

开发政府衔接实施方案》，对无法依靠产业扶持和就业帮助脱贫的家庭实行政策性保障兜底。制定了《关于进一步加强农村贫困人口基本生活兜底保障工作的意见》，切实做好农村低保对象、特困人员和建档立卡贫困人口的基本生活兜底保障工作，进一步完善"输血"机制，确保"兜得住、兜得准、兜得实、兜得牢"。

（二）健全工作机制。成立了镇赉县困难群众基本生活保障工作联席会议，定期研究解决我县城乡低保对象、建档立卡贫困人口等困难对象的基本生活保障问题，推动了困难群众保障政策有效落实。建立了农村低保对象与建档立卡贫困人口信息比对工作机制，将符合低保条件的建档立卡贫困户及时纳入低保，将不符合条件的建档立卡贫困户及时清退，做到"应保尽保、应退尽退"。充分发挥"一门受理、协同办理"机制效应，通过整合部门资源，扩大服务功能，确保困难群众求助有门。

3—15 服务人员上门送补助

3—16 社区人员上门送教

3—17 政府提供扶贫物资

（三）推进"两线合一"。按照省民政厅、省财政厅和省扶贫办印发的《关于脱贫攻坚最低生活保障支持计划的实施方案》要求，2016年至2018年期间，逐步将农村低保标准提高到2400元、3000元、3600元，确保农村低保标准不低于国家现行扶贫标准。

（四）提高特困人员基本生活标准。制定了《镇赉县进一步健全特困人员救助供养制度的实施意见》，将特困人员的基本生活标准按照上年度最低生活保障标准的1.5倍确定。2018年，全县农村特困人员供养标准为每人每年4500元。

（五）发挥临时救助功能。通过临时救助对遭受突发事件和重大疾病等特殊困难的家庭和个人给予应急性、过渡性救助。建立了社会救助"一门受理、协同办理"机制，依托乡镇为民办事服务大厅，设立了统一的救助申请受理窗口，切实保障困难群众"求助有门、受助及时"。2016—2018年期间，共救助建档立卡贫困户1063户，发放救助金270.78万元。

（六）提升农村养老服务能力。为确保有需求的贫困老年人能够入住养老机构，有效提升床位率和服务质量。2016年以来，我县通过发改委立项1673万元，使用福彩公益金466万元，地方预算安排资金180万元，累计投入资金2319万元，新建了嘎什根乡、五棵树镇、建平乡农村社会福利服务中心，改建了黑鱼泡镇、沿江镇、东屏镇、莫莫格乡农村社会福利服务中心。对各中心进行了维修改造，加强了管理制度建设，提升了供养服务水平。

（七）加强困境未成年人关爱保护。对农村

3—18 医疗下乡免费为老年人提供医疗救助

3—19 法院开设法制讲堂提高居民法律意识

留守儿童和困境儿童基本信息实行动态管理，定期走访了解其家庭和生活情况，协调做好应急处置、临时照料等关爱帮扶工作。截至2018年年底，我县留守儿童共259人，困境儿童共82人。孤儿纳入建档立卡范围15人，每人每月保障金为900元。

2.巩固脱贫成效

2018年，全县农村低保对象共23030人，其中建档立卡贫困户15225人。全县农村特困人员共1335人（集中供养156人，分散供养1179人），其中建档立卡贫困户945人。

（一）稳步提高农村低保标准。2019年，将农村低保标准提高到每人每年3800元，确保到2020年前农村低保标准不低于国家现行扶贫标准。

（二）提高特困人员供养水平。开展特困人员生活自理能力评估工作，根据评定结果为部分或完全丧失生活自理能力的特困人员发放

3—20 临时发放救助物资

照料护理费，以切实保障全县特困人员基本生活。目前，农村特困人员供养标准为每人每年 5400 元。自理特困人员护理补贴标准为每人每月 148 元，半自理特困人员护理补贴标准为每人每月 296 元，失能特困人员护理补贴标准为 444 元 / 人 / 月。

（三）临时救助救急解难功能进一步凸显。下放了临时救助审批权限，按照每个乡镇人口规模，下发了临时救助备用金，通过乡镇直接审批救助，大大提高了救助时效性。2019 年，共临时救助困难群众 1203 人次，发放救助金 191.9 万元。其中救助建档立卡贫困户 586 人次，发放救助金 82.44 万元。

人居环境在镇赉县的建设中也格外重要。从环境整治到医疗再到衣食住行，都在规划之中逐一完善落实。

（五）、医疗有保障，生病不发愁

自 2016 年开展扶贫攻坚工作以来，我县把建档立卡贫困人口的参合工作放在重中之重的位置，从 2017 年开始，建档立卡贫困人口参合率每年均达到了 100%。截止到 2019 年 8 月末，受益贫困人口达到 45679 人次，累计发放农合补偿资金 11827.93 万元。

1. 医疗保障扶贫开展情况

构筑立体防线，健全保障体系，让贫困群众"看得起病"。

打造五道防线。开展脱贫攻坚战以来，我县逐步建立起"基本医疗保险 + 大病保险 + 医疗救助 + 大病兜底 + 一事一议"的五道防线。第一道防线：基本医疗保险（新农合）。开展脱贫攻坚以来，我县农村居民新农合参合率都在 99% 以上，贫困人口参合率达到 100%。第二道防线：大病医疗保险。我县所有参合人口新农合缴费中均含有大病保险基金，贫困人口大病保险报销起付线从 1 万元降至 3 千元，多次就医可累加进行第二次大病报销。第三道防线：医疗救助。县民政部门 2018 年为每个贫困人口新农合缴费补助 100 元，2019 年为贫困人

3—21 医生为前来问诊的居民检查血压

口每人新农合缴费补助 130 元，特殊贫困人口由县民政全额缴纳参合费用，缴费补助实现了贫困人口全覆盖。对住院特殊贫困人口按照规定实行了医疗救助。第四道防线：兜底保障。为解决农村群众患重大疾病看不起病，防止因病返贫现象发生，我县积极落实吉林省大病兜底保障政策，县域内贫困人口慢病患者门诊报销比例达到 80%，特殊疾病患者门诊报销比例达到 90%，贫困患者住院报销比例达到 90%。第五道防线："一事一议"。在前四道防线兜底保障后，贫困患者自费部分仍无力承担的，县政府通过"一事一议"研究解决。

夯实基础医疗、简化贫困人口慢病办理流程。

镇赉县根据《关于建立健康扶贫三年攻坚行动实施方案的通知》文件精神及省、市、县相关贫困户慢病管理服务规定，做实做细慢病签约服务。

简化贫困患者慢病办理流程。一是延长贫困患者申请慢病的病例年限，由原来的 2 年以内病例适当延长可审核病例年限。二是个别慢病病种取消病例申请流程，例如高血压患者现场血压值高于 160/100 即可审核通过；糖尿病患者现场测量血糖及糖化血红蛋白，高于标准

3—22 现场义诊

值即可审核通过。三是对于常年卧床无住院史的贫困患者，只要提供入户照片，由县级医院专家入户现场鉴定、补填二级医院门诊诊断书，符合阳性体征的即可审核通过。四是有些常见慢性病无住院病例的，例如冠心病、慢性支气管炎等，门诊辅助检查及阳性体征支持即可审核通过。

提高贫困患者慢病办理效率。一是由以前的到县里审核转变为主动到各乡镇卫生院上门服务，提高办理效率，缩短办理时间。二是组织精干力量在县人民医院批量审核贫困患者慢病，对农村建档立卡贫困人口实现应签尽签。截止到 2019 年 8 月末共审核通过 5708 人、录入系统 5708 人。

2. 医疗保障扶贫的巩固提升工作情况

完善筹资政策，实现贫困人口应保尽保。严格执行省级医疗保障待遇补助标准，实现农村贫困人口制度全覆盖。确保实现基本医保、大病保险、医疗救助覆盖率全部达到 100%。

加大大病保险倾斜支付力度，提高贫困人口待遇水平。将 2019 年财政补助新增 30 元的一半（15 元）用于大病保险，大病保险当年筹资额的其他部分仍按原渠道进行划转。大病保险支付比例达到 60% 以上。对建档立卡贫困人口和特困供养人员、城乡低保对象实行倾斜性支付政策，大病保险起付标准调整为 3000 元，分段报销比例分别提高 5%。2019 年 1 月 1 日至 2020 年年底，对建档立卡贫困人口、农村特困供养人员等农村贫困人口取消大病保险封顶线，切实提高农村贫困人口大病保险受益水平。

引导开展分级诊疗活动。结合分级诊疗制度建设，为减轻建档立卡贫困户门诊及住院负担、就近就医，引导参保人员优先到基层首诊。并逐步探索将互联网诊疗服务纳入医保支付范围。

优化基层公共服务，实行一站式结算。提高基层医保经办管理

3—23 医生为老年人化验

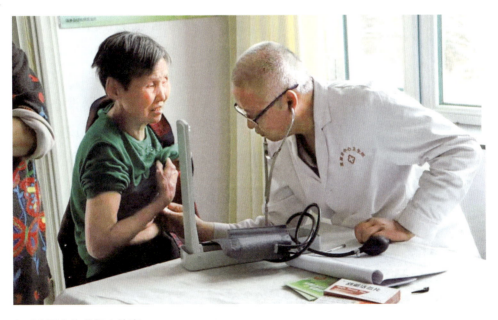

3—24 医生为老年人检查

服务能力，专门窗口和专人负责政策宣传并帮助贫困人口兑现政策，解决群众政策不知情、就医报销难等问题。实现农村贫困人口县

（市）内"一站式服务、一窗口办理、一单制结算"，减少农村贫困人口跑腿垫资。

加强医疗服务管理，控制医疗费用不合理增长。注重医疗费用成本控制，完善定点医药机构服务协议管理，提供使用适宜的基本医疗服务，严格控制农村贫困人口就医目录外费用比例，切实降低农村贫困人口医疗费用总体负担。

2018年7月11日4时左右，吉林大学白求恩第一医院院长华树成、党委书记佟成涛带领由30多位医务人员组成的对口帮扶及巡回医疗队一路向吉林省的西北角镇赉进发。9时，镇赉县医院迎来了这些来自省城的医学专家。专家利用3天时间，相继开展业务培训、义诊服务、赠送仪器设备等帮扶活动，不仅进一步提升了受援医院镇赉县医院的医疗质量和管理水平，还把省级专家的诊疗服务送到了百姓身边。

3—25 巡回医疗队专家为群众义诊

吉林大学第一医院高度重视此次对口支援和巡回医疗工作，组织了阵容强大、"配置"高端的巡回医疗队，成员包括该院13位重点临床

3—26 吉大一院巡回医疗队来到镇赉县医院开展对口支援和巡回医疗工作

科室的主任、9 位医院行政管理部门的主任及从医院各科室抽调的派驻到镇赉县医院的医疗骨干专家。吉大一院还向镇赉县医院捐赠了 2 台世界先进的彩超机、1 辆本田汽车、2 台监护仪及价值 10 万元的药品。

华树成为医务人员作了题为《传承白求恩精神，全心全意为患者服务》的专题讲座；吉大一院行政管理专家组围绕医院管理、医疗安全质量等内容进行了培训，大家纷纷表示受益颇多。活动中，18 位临床科室主任及专家分别深入镇赉县医院相关科室开展医学诊疗、教学指导、手术示教等工作，通过手术、出诊、会诊等，全方位进行"传帮带"，把医疗经验倾心相授。

吉大一院心内科主任佟倩提前一天来到镇赉县，在镇赉县医院介入治疗科手术室为这里

3—27 专家走进县医院各科室开展手术、出诊、会诊等"传帮带"工作

3—28 吉大一院为镇赉县医院捐赠医疗设备及药品

3—29 吉大一院对口帮扶县医院工作启动仪式

3—30 县卫生健康负责人为吉大一院医疗专家发放聘书

的医护人员进行心血管介入术的示教，该院介入治疗科是吉大一院去年帮助建立的。简单吃了午饭，佟情又投入紧张的手术中，低血糖使走出手术室的她一阵阵眩晕；在彩超室，吉大一院腹部超声科主任祝英乔正在为患者付立香进行检查，祝英乔详细了解了付立香的病情及病史，给出了专业的诊疗建议；在儿科，一名刚刚出生两天的新生儿让吉大一院新生儿科主任武辉眉头紧锁，患儿的手上长有一个透明的肿块，因与血管相连不能在当地进行简单的切割处理，状况很不乐观。武辉耐心劝导家属带孩子到吉大一院做进一步检查和治疗，并承诺为孩子开通绿色通道，尽快为孩子确定科学治疗方案……

面对面交流，手把手指导，让对口帮扶真正成为深入帮扶，变"输血"为"造血"，这是吉林大学第一医院开展对口帮扶工作制定的工作机制和工作目标。他们就是通过"上级医院优质医疗资源沉下去传帮带""下级医院走上来到上级医院实地学习"相结合的双向互动学习交流方式，努力为受援医院打造一支"带不走的医疗队"。自2016年国家卫生部门组织开展国家医疗队巡回医疗工作以来，作为北方四省（区）唯一被授权组建国家医疗队的吉大一院，就与镇赉县医院结成了对口支援关系。近3年来，吉大一院共计派出支援医生28人、诊治门急诊1873人次、开展手术407例、手术示教336例、业务培训86次、教学查房123次、接收骨干医师培训22人，帮助镇赉县医院成立了介入治疗科，成功开展了外周血管介入术、椎体成形术等多项新技术，有效推动了镇赉县医院医疗技术水平的进一步提高。此次活动，吉大一院又向镇赉县医院派驻一名挂职副院长、4 名科室荣誉主任，他们将在这里工作至少 6 个月，在医院管理、学科建设、新技术开展等方面进一步帮助受援医院提升能力和水平。

7 月 12 日至 13 日，吉大一院巡回医疗队派出肝胆外科、胃肠外科、重症医学、新生儿科、消化内科、乳腺外科、儿科、彩超电诊科等科室 14 名专家，深入莫莫格蒙古族乡和建平乡开展了为期两天的健康扶贫大型义诊服务，共有 400 余名群众到现场就诊、咨询，285 人获得专家明确诊断，发放药品价值两万余元。

第四章

提升人居环境，
建设美丽乡村

第一节　整村推进新面貌

镇赉县自脱贫攻坚开展以来，以创新机制入手，强化制度执行，推进城乡环境卫生常态化管理。

镇赉县实行"321"结亲帮扶，选派8935名党员干部包保18884户贫困户，围绕农户庭院经济、围墙整修、卫生清理和家庭必需品为重点，扎实有效推进帮扶工作。2019年，规划发展庭院经济5.8万亩，形成了"蔬菜村""甜瓜村""果树村"等"一村一品"34个，订单签约率达60%以上。

镇赉县坚持村民自治，选聘贫困人口从事卫生保洁、绿化看护、自来水管护工作1362人。以"村清理、乡转运、县处理"为原则，为村屯环境卫生治理提供了重要保障。同时村委会与沿街农户建立"包卫生、包秩序、包绿化"

4—1 整洁的街道

4—2 道路两边郁郁葱葱的绿化

的"门前三包"责任制，加大监督和管理力度，以"门前三包"责任的落实，推进门前环境卫生责任到户到人。

镇赉建立完善卫生督查评比制度，坚持把环境卫生的监督管理和检查考核作为常态化管理的重要措施，严格执行日督查、周检查、月评比制度，推进环境卫生常态化管理。并以村规民约、脱贫攻坚展示标语等为载体，全力打造"卫生清洁、整齐有序、生态自然、环境优雅"的村屯环境，让"美化环境靠大家""卫生秩序靠自觉"的理念根植于心，立足于行。同时，该县还积极开展"美丽庭院""干净人家""幸福人家"评选活动。评选美丽庭院 800 个、幸福人家和干净人家 4300 个，通过系列评选活动，影响和激发广大群众学习典型，树立文明新风尚。

为深入贯彻落实国家、省、市关于改善农村人居环境的决策部署，稳步推进全县农村生活垃圾治理工作，切实改善农村人居环境，提升农民生产生活质量，镇赉县启动实施了农村生活垃圾治理项目，经过一年的努力，全县农村已进入农村生活垃圾治理常态化，清运保

4—3 焕然一新的面貌

4—4 村屯环境明显改善的东屏镇东升村

洁规范化，保洁覆盖全县 11 个乡镇、141 个行政村、494 个自然屯。在 9 个乡镇共建成小型垃圾转运站 9 个，垃圾治理覆盖率 100%，完成项目累计投资 1409 万元。

镇赉县成立了农村生活垃圾分类和资源化利用工作领导小组，完善了县、乡镇（场）、村三级农村生活垃圾治理组织领导体系，明确了乡镇（场）实施主体责任和工作目标。编制了《镇赉县农村生活垃圾治理专项规划》，制定了《2018 年镇赉县农村生活垃圾分类和资源化利用实施方案》《镇赉县农村生活垃圾和村屯环境治理实施办法（试行）》，先后召开了整治动员会、试点观摩会等，将农村环境整治内容覆盖村屯各个角落，实现全面铺开，同步推进。

结合脱贫攻坚和农村人居环境整治工作，在全县范围内开展了以河道、灌渠、公路沿线和村庄周边、房前屋后、公共场所、市场内外及水源地保护区等为重点的存量垃圾集中清理整治活动。全县共清理垃圾 12.5 万立方米，清理柴草垛 9000 个，清理粪堆 18500 立方米，清理沟渠 25000 延长米，清理院落 16000 个，清理道路 450 公里。积极推进农村生活垃圾源头分类，落实农户为生活垃圾的"户分类"主体责任，提高农户和保洁员垃圾分类意识，实施源头减量。科学处理垃圾及转运，避免有害垃圾对水源、土壤的侵害。

按照"户分类、村收集、乡镇转运、县统一处理"的垃圾处理模式，镇赉县已进入日常管理状态。为保证农村生活垃圾治理工作正常运营维护，先后添置各类小型垃圾收集清运车 280 台、大型垃圾压缩车 2 台、垃圾桶（箱）3805 个，确保全县 11 个乡镇设有垃圾桶、收集车、转运车。目前，全县乡镇共有保洁员 1064 人，实现了乡镇、村屯等农村保洁全覆盖。

同时，该县通过召开动员会、座谈会、推进会及进村入户发放宣传单、制作永久性宣传栏或宣传牌等方式，大力宣传农村生活垃圾专项治理的重大意义，动员农户支持和参与生活垃圾治理和环境卫生维护工作，让科学合理的农村生活垃圾处理方式、理念走进千家万户，融入村规民约中，形成全员参与、全民共建的良好氛围。

第二节　安全饮水，健康村民

2016 年以来，镇赉县水利局在省水利厅、市水利部门的行业指导下，县委、县政府的正确领导下，在各乡镇和相关部门的大力支持和配合下，圆满地完成了农村饮水巩固提升工程建设任务。

1. 基本情况

完成建设情况。镇赉县农村饮水安全工程共涉及 11 个乡镇，141

个行政村，458 个在册自然屯，其中贫困村 82 个，非贫困村 59 个。截至 2018 年 11 月底我县共建成集中式农村饮水安全工程 427 处 479 个自然屯（其中连屯 41 处 93 个屯）。累计投入资金 2.75 亿元，农村受益人口总户数 57221 户，受益人口 17.25 万人。

完成主要工程量。新打水源井 196 眼，管理房 291 座，净化设备 336 套，消毒设备 306 套，水泵 275 台，变频调速器 290 台，管网铺设 2359886 米。全县实现集中供水率、自来水普及率 100%，提前 2 年完成农村饮水安全脱贫攻坚建设任务。彻底改变了农村居民饮用水不安全的现状，为农村群众提供了清洁、方便的饮用水，提高了群众健康水平，解放了农村生产力，改善了人居环境，发挥着显著的社会效益、经济效益和生态效益。

2. 工作部署情况

镇赉县委、县政府高度重视农村饮水安全巩固提升工程实施和运行管护工作，把饮水安全工程纳入镇赉县脱贫攻坚解决"两不愁、三保障"工作重中之重和民生实事来安排部署。

成立领导组织。县脱贫攻坚领导小组为了切实解决农村人民群众的饮水安全问题，加快推进农村饮水工程项目建设，确保脱贫攻坚工

4—5 打井现场

作的顺利实施，结合实际，成立以分管副县长为组长，县水利局、县卫计局、县环保局、县农电公司一把手为副组长，各乡（镇）一把手为成员的农村饮水项目建设工作组，划分各部门工作职责及工作要求，形成各部门联动的工作格局。

制定可行措施。一是科学规划设计。坚持"因地制宜，兼顾长远，少打井，多联网"的原则。人口集中的乡镇建设集中式供水工程，人口居住特殊分散的采取深水井供应居民生活饮用水，水质不达标的安装终端净水设备进行分散式的净水处理供水。二是明确责任主体。各乡（镇）场是本地农村饮水工作的主体。要坚持"尊重群众的意愿，把好事办好"的原则，尊重群众意愿，必要时召开村民代表大会，坚持"突出重点，集中使用，整村推进的"原则，解决一个村，销号一个村。三是加大资金筹措力度。积极争取国家和省级资金投入的同时，加大地方配套资金投入力度，确保资金到位，项目顺利实施。四是加强资金监管。农村饮水工程资金实行专项管理，专款专用。任何单位和个人不得挤占、截留、挪用。五是加强工程质量监管。镇赉县人民政府建立健全监管体系，落实专人全程监督工程质量，发现不符合基本建设要求的项目告知整改，提出处理意见并做好记录。六是把好工程验收关。由水利局负责申请验收，按照水利水电建设工程验收规程，检查工程现场，查看工程档案资料，出具验收鉴定书。七是强化工作督查检查力度。县委县政府督查室，对农村饮水安全工程落实及完成情况进行全面督查。八是科学合理安排。

水利局成立了脱贫攻坚小组明确工作要求：一是各乡（镇）场配合负责入村、入户、入屯调查，入户宣传，因村施策，因屯施策，做群众的思想工作，确保入户率达到100%。二是各受益村（屯）加强工程运行管护，确保工程长期发挥效益，全面实现农村饮用水整村脱贫验收标准。三是工程项目建成后县疾病控制中心负责的水质检测，确保水质达标。四是农电公司负责电力设施的完善，确保了每处工程都通电。五是县环保局负责农村饮水工程的环评审批，饮用水水源保

4—6 建设好的水房

护区及保护范围划定，用水水源地污染的监督工作。

3. 发挥效益情况

一是水质方面，镇赉县 427 处水厂水质均符合 GB5749-2006 中规定的农村集中供水标准，卫生部门出具了水质检测报告单；二是水量方面，镇赉县 427 处农村安全饮水工程水量均达到设计标准，满足百姓用水需求。三是用水方便程度，镇赉县 11 个乡（镇），141 个村，458 个屯，427 处水厂，自来水全部入户；四是供水保证率，镇赉县427 处农村饮水安全工程，供水保证率都在 95% 以上。

4. 开展全县建档立卡贫困人口饮水安全状况全面排查

按照吉林省农村饮水安全工作领导小组办公室《开展全省建档立

卡贫困人口饮水安全状况全面排查的工作通知》要求，全面贯彻落实景俊海省长批示精神及省政府 4 月 30 日省政府党组扩大会议工作部署，聚焦脱贫攻坚，全面解决好"两不愁，三保障"突出问题，特别是贫困人口饮水安全问题。2019 年 5 月 7 日，镇赉县委召开了专题会议，专题研究部署建档立卡贫困人口饮水安全状况精准排查工作，并制定排查方案，2019 年 5 月 8 日中共镇赉县委办公室印发了《镇赉县建档立卡贫困人口饮水安全状况精准排查工作方案》的通知，镇赉县排查工作分三个阶段进行：第一阶段：由水利部门、乡（镇）组织详查、确认，自 2019 年 5 月 9 日开始，2019 年 5 月 15 日前将排查结果上报镇赉县农村饮水安全工程领导小组办公室。第二阶段：县级组织的复查工作，由扶贫办、水利局、卫健局、环保局组成的复查组，自 2019 年 5 月 21 日开始，5 月 25 日完成了全部复查工作。第三阶段：根据县委、县政府要求，于 2019 年 6 月 2 日到 6 月 6 日开始抽调 140 名第一书记、驻村工作队员，建档立卡贫困村和贫困人口进行核查。

5. 取得的成效

截至 2018 年，镇赉县共建有集中式供水工程 427 处，仅 2016—2018 年就新建工程 114 处，改造工程 212 处，新打水源井 196 眼，管理房 291 座，净化设备 336 套，消毒设备 306 套，水泵 275 台，变频调速器 290 台，管网铺设 2359886 米，新增集中供水受益人口 4.06 万人，全县实现集中供水率、自来水普及率 100%，提前 2 年完成农村饮水安全脱贫攻坚建设任务。彻底改变了农村居民饮用水不安全的现状，为农村群众提供了清洁、方便的饮用水，提高了群众健康水平，解放了农村生产力，改善了人居环境，发挥着显著的社会效益、经济效益和生态效益。

一是减少疾病，提高群众健康水平，解放了农村劳动力。农村饮水安全工程的建设，让水质不达标地区的群众喝上符合卫生标准的安全水，全县氟病发生率大幅度降低，极大地改善了广大群众生活用水条件，人的体质增强，地方病得到有效抑制，极大地解放了农村劳动力，使不少群众外出打工，增加收入。

二是改善农村生活环境，促进社会主义新农村建设。通过建设农村饮水安全工程，使农民群众能喝上卫生、方便的饮用水，农村环境卫生和群众个人卫生条件明显改善。自来水入户，可带动上下水、洗衣机、淋浴器、太阳能热水器、室内卫生间等现代生活设施进入农家，提高了农民群众的生活质量，促进了社会主义新农村建设。

三是拓宽贫困人口收入渠道。通过了解贫困户家庭状况，做到精准识别，将有限的岗位真正落实到因身体缺陷、疾病、年龄偏大、技能缺乏等不能就业的贫困户中，通过安排管理工作，使贫困人口既能照顾到家，还有一份稳定的收入。

为了使工程能更好地长期有效地运行，百姓长久受益，随着国家的城镇化建设，安全饮水工程还需要提升档次，镇赉县将积极申请资金，在现有工程的基础上，建设高标准大型集中式自动化供水工程，减少和降低运行费用成本。

入夏时节，镇赉县各地的小村庄处处花红柳绿，格外亮丽整洁。五棵树镇五棵树村街路两旁一道独特风景格外吸引路人——路边排水渠上划有很规则的、红白相间的荧光带，是为了美观，还是另有原因？

县水利局包保帮扶五棵树村，他们把帮扶工作做到了极致——在细微之处凸显可贵的民生情怀。原来这荧光带是路边渠上的安全警示标志，提示人们在步行或驾车时，特别是夜间出行时，要远离沟渠，避免不慎跌落排水渠而带来伤害。群众纷纷表示，帮扶工作太到位了，修渠解决了大问题，就连安全等这些小细节也都考虑到了。

该局出资 50 万元，组织干部职工，奋战 3 个多月，共修筑路边排水渠 2000 米，切实解决了困扰村民几十年的排水难问题。在修筑

4—8 居民在使用水井的水

过程中，他们从细微处着手规划，一手抓工程进度，一手抓工程质量。为了能够及时观测全村的排水渠是否有淤泥，他们还修筑了观测井，通过观测水位，及时清理淤泥，保障排水畅通。同时，考虑到村民出行安全，工程交付使用后，对每条排水渠进行了荧光漆粉刷。在绿树的掩映下，红、白相间的荧光带格外亮丽，不但美观，而且暖心。

投入大量人力物力对村庄进行绿化美化。他们共出资 5 万余元，出动钩机 2 台、铲车 2 台、翻斗车 3 辆，推进绿化美化工作。全局干部职工自 4 月 15 日至今，共补植榆树墙 3 万余株。为 3 处村民文化活动广场移栽万寿菊、七彩石竹等花卉 1 万余株，绿化美化面积达 5000 多平方米。同时，以科室为单位，把五棵树村分为 7 个清扫片区，利用绿化美化的空闲时间，进行环境卫生整治。目前，共进行垃圾清理、除草及庭院物品归整等项工作万余平方米。局党组成员每周五带头参加劳动，并对各项工作进行验收。

为增加村民收入，他们为村民购买了 210 公斤矮科甜玉米种子，并帮助完成种植；针对村民对扶贫政策了解不够、理解不深等问题，包保责任人利用入户劳动空隙，进行详尽、具体的讲解，让村民及时知晓和享受到各项惠民政策。

持一份初心，报一片真心。多年来，镇赉县水利局积极投身脱贫攻坚工作，取得了显著成效。驻村第一书记黄兆岩累计驻村时间超过 1000 天，在帮助村民建房、修路、修渠、栽花种草、种植榆树墙和发展庭院经济等的实践中，俨然成了一个扶贫"多面手"。全体水利干部职工不辞辛苦，为村民破难题、解问题，办实事、做好事，全心扶贫、一心为民，改变了村庄旧面貌，改善了村民生活质量。

第三节　探索农村危房除险加固新模式

镇赉县是国家扶贫开发重点县，共有贫困村 82 个，建档立卡贫困户 18884 户、贫困人口 36077 人。2017 年以来，镇赉县顺应群众需求，积极探索，大胆尝试，创新推行了农村 D 级危房除险加固新模式，该模式得到了国家住建部领导、专家和省级专家及农村广大危房户的认可和好评，收到较好效果。

2017 年 9 月 27 日，在陕西省大荔县召开的全国农村危房改造培训暨加固改造现场会上，该县做了典型经验介绍。国家住建部村镇司农房处专程到镇赉县调研，就该县因地制宜采取 D 级危房除险加固模式给予了积极肯定，建议进一步研究成熟做法作为全国农村危房改造典型示范之一予以推广。

在以往实施危房改造过程中，有相当一部分 D 级户认为新建 40 平方米的新房面积小，但由于家庭贫困又无力增加面积，产生了想改造、不想重建的想法。针对群众需求，该县聘请了省建筑材料产商品

4—9 危房垒新墙

质量监督检验站对存量农村 D 级危房进行了再鉴定，发现部分评定为 D 级的土木结构和砖土结构房屋由于基础保持完整，主体维护及室内装修较好，介于 C 级修缮和 D 级改造之间，如果拆除重建群众难以接受。在与危房户深入交流并达成一致意见后，该县提出了"D级危房除险加固模式"，选定 4 户不同面积、不同结构的 D 级户做试验，在工程造价、质量标准均达到政策要求及安全住房标准的前提下，摸索出了一条适合镇赉县农村危房除险加固的新途径。

在试点基础上，向全县 11 个乡镇铺开，先后召开 10 余次会议，专门研究农村危房改造补助情况，共制定分类补助标准 3 大类 9 小类。

镇赉县成立了由县长任组长，各乡（镇）、各相关单位负责人为成员的脱贫攻坚危房改造工作组，并建立农村危房改造工作组联席会议制度和督查制度，每周召开一次脱贫攻坚工作组联席会议，调度进展情况、研究破解困难问题、部署安排下一步工作，每周两次调度检查农村危房工作，第一时间将进展情况和问题报到县主要领导。

第五章

众志成城，
上下一心齐努力

第一节　百日会战，决心力克贫困

2018年4月，镇赉县利用100天时间，集中开展了脱贫攻坚"653百日会战"，瞄准6大目标，推进5大行动，强化3项保障，提高脱贫质量，群众满意度和认可度。

5—1 基层干部正在工作

镇赉县不断提高各级干部脱贫攻坚责任心和紧迫感，为打好、打赢脱贫攻坚战夯实思想根基。不断强化各级脱贫攻坚工作责任，形成人人有责、人人负责、人人尽责的责任体系。以县、村、户退出标准为重点，做到工作有目标、验收有依据、评估有保障。形成更加科学、平等、高效、惠民的政策保障体系。形成人人参与、合力扶贫、竞相脱贫的浓厚氛围。坚持问题导向，突出精准要求，做到扶贫工作必须务实、脱贫过程必须扎实、脱贫结果必须真实。

聚焦村屯绿化美化、环境卫生、围墙、庭院经济"四项重点工作"，组织万名干部驻村劳动。本着"量力而行、尽力而为，因村制宜、因陋就简、干净整洁"的基本原则，在坚决不使用扶贫资金、坚决不让村级举债的前提下，各乡镇、村及包保部门主动挖潜、各显神通，"井里没水四下掏""没钱雇工自己干"。

全县村屯面貌发生了根本性改变，群众满意度大幅提高。以"五项核查"为重点，组织所有包保责任人集中入户，与村社干部一道，

5—2 美化后的道路环境

5—3 乌木村会战成果

逐个贫困户核查户籍信息、收入核算表、扶贫手册，逐村核查识别和退出程序。对于数据信息不符、帮扶记录不全、识别和退出程序不规范等问题，逐项进行登记、完善和更正。

包乡（镇）县级领导对乡镇脱贫攻坚工作负总责，每个乡镇建立一个包保部门微信工作联络群，会战期间县级领导、包保部门主要负责同志三分之二以上时间驻村，白天当村长，晚上当县长、当局长，及时研究解决突出问题，与农户同吃、同住、同劳动；帮扶责任人围绕"四项重点工作"和政策宣传，全力提升帮扶工作实效。

由县纪检委牵头组建全县脱贫攻坚工作明察暗访组，督查检查结果一次一通报，整改落实情况一周一调度，通过督查问效，倒逼责任落实，高位高压推动各项工作着实、各种材料完善、各类问题整改，最终达到清仓见底。

将脱贫攻坚工作纳入各级领导班子和各级干部年度考核范围。由组织部牵头负责考核乡镇党委主体责任、第一书记驻村责任以及部门包保帮扶工作情况。年末召开全县脱贫攻坚工作总结表彰

5—4 志愿者们在道路两旁种植灌木

大会，对成绩突出的集体和个人给予记功嘉奖，表现优异的个人优先予以提拔使用。以扶贫领域作风建设督查检查为抓手，启动最严厉的脱贫攻坚问责程序。由县纪委、县委组织部牵头制定具体的问责处置办法，对工作不严不实，不作为、乱作为等行为，进行严厉问责。

应该说，百日会战是镇赉脱贫攻坚工作的一大亮点，也是全县脱贫攻坚进程中具有里程碑意义的一大创举，更将成为全县干部群众永远铭记的一大战役。

第二节 勠力同心，乡村齐努力

金秋时节，注定是个丰收季：农民朋友享受着甘甜硕果和一年的好收成；脱贫攻坚，改变了百姓生活和村庄的旧模样。嘎什根乡脱贫攻坚战开展以来，干部沉下身子决战脱贫，群众喜上眉梢信心满怀，乡村处处激荡着各级领导干部奋进、实干的铿锵豪情；回响着万千群众增收致富奔小康的幸福旋律。

该乡总人口 21800 人，辖 15 个行政村，其中贫困村 8 个、非贫困村 7 个。建档立卡贫困户 1381 户、2293 人。其中，一类一般贫困户（一星级）676 户、1145 人，二类一般贫困户（二星级）496 户、811 人，特困户（三星级）209 户、337 人。在脱贫攻坚工作中，他们坚持精准识别、精准帮扶、精准施策。做好结对帮扶工作。他们在市级帮扶部门 4 个、县级帮扶部门 9 个、第一书记帮扶的基础上，结合全乡及各村综合条件等情况，从乡政府下派 30 余名干部连同村干部等共 240 名帮扶人员，每个帮扶责任人每周至少到村到户 2 次，摸清帮扶贫困户基本情况，找准帮扶措施，制定帮扶脱贫计划，按照"不脱贫不收队"的工作要求进行帮扶。全乡领导干部与扶贫工作队齐心协力，通过实地调研、进村入户走访、分析致贫原因，把产业扶贫、泥草房改造作为突破口，促进脱贫攻坚工作取得实效。

1. 产业扶贫项目掷地有声

全乡共投入产业扶贫资金 2803 万元，其中争取专项扶贫资金 325 万元、部门帮扶资金 25 万元、涉农部门资金 2321 万元、金融机构融资 132 万元，实施脱贫产业 5 项，贫困户产业覆盖率达到 100%，年底人均增收 8500 元。

中低产田改造项目加快农民增收步伐。依托白沙滩灌区，投资 2187 万元对 8 个村 37 条 49.05 公里水渠进行渠道整治和衬砌，受益水田面积 2200 公顷；对 8 个村近 7.8 万米水渠进行清淤，受益水田近 2000 公顷；在乌兰吐村投资 24 万元建设了涵管桥 12 个，提高了通水能力；在立新村投资 70 万元建设排水泵站一座，引干衬砌 5000 米，受益水田200公顷；在乌林锡伯村投资40万元建设提水泵站一座，受益水田面积110公顷；市机关事务管理局投资25万元对乌林锡伯村3000米泄干进行了清淤，受益水田面积120余公顷；后围子村争取扶贫资金48万元、乌兰吐村争取扶贫资金47万元进行农田改造项目。这些项目的实施，使全乡水田受益面积达到近一半，其中受益贫困户921户、1758人，人均增收1500元。

稻田养鱼项目和蔬菜育秧大棚项目、玉木耳栽培项目和禽类养殖项目有效促增收。他们充分利用全乡水资源丰富优势，引导贫困群众发展稻田养鱼。向县扶贫办争取项目资金29万元，以老养殖户带动新养殖户自主经营或联营的方式，给全乡所有贫困户每户发放鱼苗7200尾，实现了项目全覆盖，预计每户可增收1200元；2018年年末争取项目资金150万元为创业村和十家子村全体村民发放了大棚物资，2019年又争取项目资金100万元建设111栋高标准水稻育秧大棚和蔬菜大棚，覆盖该乡6个行政村、233户、411人，预计每户可增收1000元。开发玉木耳栽植项目。2019年，计划投资300万元在立新村建设一个玉木耳栽培产业示范园区。一期工程投资100万元，现已动工，建设玉木耳栽培大棚8栋，打电机井2眼，建80平方米管护房1个；二期工程计划投资200万元，建设晾晒场、菌柱培育室和包装加工车间各一个。投产后可实现年产值260万元，纯利润可达120万—160万元，拟作为村集体经济积累用于帮扶贫困户，正积极谋划筹措项目资金；他们针对有一定劳动能力和养殖经验、具备一定发展潜力的贫困户加大养殖业帮扶力度，先后在创业、长发、后围子、乌林锡伯、立新5个村实施了禽类养殖项目，共计投入资金38.03万元，发放鸡雏6950只、鹅雏16100只、鸭雏173只，累计覆盖贫困户312户、508人。预计每户可增收1300元左右。

劳务输出项目、金融扶贫项目齐发力。

参加县就业局举办的技术培训，输出贫困户16户28人到县内用工单位务工，人均月收入2000元左右；通过村委会和包保干部帮助组织和联系，18 户贫困户 24 人农忙季节在附近村屯打零工，农闲季节到邻近的米业加工厂务工，预计人均年收入 10000 元左右；对于发展中缺少资金的 52 户贫困户，通过帮扶部门和乡政府协调争取贴息贷款 132.5 万元，用于发展种养殖项目，贫困户户均贴息 1600 元。

2. 泥草房改造村庄换新颜

该乡现有泥草房 1014 户（其中贫困户建档立卡户 214 户、非建档立卡户 800 户；D 级危房户 804 户、C 级修缮户 210 户），计划 2016 年改造 214 户，2017 年改造 426 户，2018 年改造 374 户。昔日的贫困村在脱贫攻坚的进程中，改变了旧容颜。

利用鹤鸣公司统一融资，该乡计划争取国开行资金 6206.4 万元，完成 14 个屯围墙 74320 米、排水沟 29410 米、村组道路 72.8 公里。项目全部建成后，8 个贫困村村容屯貌将达到干净整洁、美观规范、设施配套、功能齐全的建设标准，让贫困群众享受良好的人居环境。

3. 帮扶部门真情相助

包保该乡贫困村的市、县两级帮扶部门自脱贫攻坚工作开展以来，主要领导多次到村帮扶指导，并派专人长期驻村进行工作。驻村工作队以及第一书记主动作为，为困难群众脱贫想思路、谋出路，注重在调整产业结构上下功夫，将帮扶措施按照一户一策的原则落实到户，做到脱贫项目具有可实施、可操作性，符合贫困户的实际需要。市政府办投资 110 万元为立新村新修 2 公里水泥路，协调电力部门投资 30 万元为立新村棚膜经济园上电，投资 50 万元修建文化活动广场 1 个；市机关事务管理局、白城市食药监局投资 50 万元为乌林锡伯村建设文化活动广场 1 个、卫生厕所 2 座，投资 25 万元为乌林锡伯村屯南水田泄洪清淤，投资 2 万元为 69 户贫困户发放鸡鸭鹅雏；市委

5—5 立新村木耳产业园

宣传部投资 10 万元为创业村建设文化活动广场 1 个，为 6 个困难学生提供助学费用，每个学生每年 1000 元；县财政局投资 110 万元为后围子村修水泥路 2 公里；县芦苇总站投资 30 万元为十家子村建设统一围墙；县法院为长发村贫困户发放鸡雏共计 1.62 万元；县邮政局为长发村贫困户发放总价值 3600 元的鸡雏；县办公室和中医院为乌兰吐村困难群众免费发放 7000 元药品，购买娱乐活动音响 1 套；县农发行投资 1 万元为新荒户村购买了办公桌椅。

4. 小村庄大变样儿

从镇赉县城出发，驱车向南行驶 9 公里，城郊处，一片整洁的小村映入眼帘，在冬日温情的阳光下，这里显得格外安详静谧。

在 60 多岁的村民战青田家，金灿灿的谷子在宽敞大气的砖瓦房旁堆起了一座"小金山"。说起这几年日子的变化，坐在热炕头上的战青田难掩内心的喜悦，真挚的笑容瞬间擦光了脸上岁月的痕迹，留下满满的幸福。"脱贫攻坚，村里带我们发展庭院经济，今年我种植了谷子，一共收了1000多斤，一点化肥都没上，纯绿色食品。我以6块钱一斤的价格卖到市场，收入六千多块钱。"老战越说越兴奋，话语铿锵。"前些日子，我还卖了120只大鹅，纯收入八千多块钱。在村头的

5—6 架其村采摘园

合作社打工，一个月还能挣两千块钱。感谢党的好政策，扶贫扶到了点子上，像我这样一把年纪了，也有能力脱贫致富，以前真是想都不敢想。"经济算盘打一打，老战一年的收入达到四万多元，而他只是架其村236户村民中的一分子。

以前，架其村农业种植品种单一，以种植玉米为主，小种植、小养殖没有形成规模产业，部分村民收入低，日子一直过得不算富裕。自脱贫攻坚开展以来，架其村为加快扶贫产业开发步伐，大力培育特色扶贫产业，将扶贫开发与发展现代农业紧密结合，通过发展庭院经济、规模化现代生态农业，实现高标准精准脱贫。架其村紧邻公路，过往车辆较多，驻村工作队与镇村两级研究后，决定将发展果蔬采摘游作为这个村的增收途径，并探索性地提出"合作社＋棚膜经济＋贫困户"的产业扶贫发展新模式。通过建一个扶贫产业园，拉动一批贫困人口脱贫，形成一条产业带，带动村民脱贫致富。

2017年，架其村依托涉农整合资金，成立了丰宇扶贫种植合作社，建起10栋高标准温室大棚，种植小柿子、草莓、小白菜、生菜等果蔬产品，当年即带动492户贫困户、1027名贫困人口增收，帮扶30名贫困村民就业。村民们的腰包鼓了，日子也美了，用村党组织书记吕凤波的话来说："我们村的小伙儿对象都好找了。"没错，架其村就是有这样的底气——人们勤劳致富、村屯环境整洁、村风民风

淳朴。

据了解，为了如期脱贫摘帽，2018 年 4 月 20 日，镇赉县吹响脱贫摘帽"653"百日会战冲锋号，全县近万名党员干部奔赴脱贫攻坚百日会战主战场，向贫困发起总攻。架其村的包保干部、村民每天出动不少于 50 人，累计扒倒土墙 12500 延长米，清理垃圾 1200 多车，清理柴草垛 120 个，修建围栏 7000 延长米，累计栽植景观树和果树 12500 株。

如今，架其村村屯道路全部实现硬化，家家户户吃上了放心水，乡亲们房前屋后都种上了绿植花卉，文明村规铭记于心。2017 年成功创建全国文明村，在开展"志智双扶"助力脱贫攻坚过程中，积极营造文化氛围，利用主要街道路灯杆宣传核心价值观。紧紧抓住村风、民风建设这条主线，积极培育村民良好道德品质。从家庭室内外卫生，到庭院绿化美化；从单一的提高村民生活居住环境，到全村整体环境提升；从传统的粗放生产经营模式，到生态效益农业，架其村得到了整体提升。在全村深入开展"架其好人""美丽庭院、干净人家、幸福人家"等评比活动中，评选出了"架其好人"12 人，美丽庭院、干净人家、幸福人家各 10 户标兵。

5—7 村民领到钱心里都乐开了花

5."攀高枝"引项目开创扶贫新路子

2018 年 11 月 2 日，镇赉县哈吐气蒙古族乡呼兰村党群服务中心非常热闹，33 户村民来领取土地流转金。

"真讲信用，到日子钱就发下来了。"村民卞秀丽第一个领到了现金，

"你看我一说话还数糊涂了，哈哈哈！"一串欢快的笑声感染了满屋的人。一沓沓崭新的钞票拿到手上，村民们心里都乐开了花。村民葛凤双说："我家流转了4公顷土地，拿到了32000元。今年没种地，我和老伴倒出手来饲养了50只基础母羊，羊羔出栏又收入了5万多元。"

年初，哈吐气乡把调整种植结构、推进土地流转作为脱贫的突破口。他们认为发展农业产业是当地一条稳妥的生财之道。该乡主动出击寻找新的种植项目，考察中了解到吉林泽田生物科技有限公司与山东鲁花集团深度合作，发展高油花生种植，技术成熟、销售渠道畅通，很有"钱景"。如果攀上这个"高枝"，肯定会提高农民收入。乡领导多次找泽田公司洽谈，希望把高油花生项目引进来，加快脱贫步伐，让老百姓富起来。2018年2月，泽田公司决定在哈吐气乡呼兰村搞试点，实施高油花生种植项目，采用"公司＋农户＋合作社"的订单农业模式，与呼兰村33户农户签订合同，土地流转总面积622亩。为推广高油花生种植，泽田公司把土地流转和产业分红两项利润合并与农户签订了每公顷8000元土地流转费的合同，不让农民承担风险。还免费向农户传授大垄双行、膜下滴灌等高产种植技术。

呼兰村党支部书记宋华锋说："高油花生真是个好项目，今年这622亩'样板田'产量达到每亩800斤，每亩产值在2000元上下，有账算。在生产过程中，公司还雇用本村农户耕作打工300人次，每人每次120元，共36000元，老百姓都感兴趣了。"

据了解，呼兰村这个项目共带动33户农民增收，土地流转加产业分红让当地旱田土地流转价格由原来的每公顷3000元增加到8000元，每公顷增收5000元。33户中有贫困户8户，这8户平均流转出土地0.8公顷，每户增收4000元。加上土地直补每公顷1400元和务工收入，每公顷土地农民收入近万元。这一万元收入是没有一分钱生产性投资的纯利润。高油花生项目给当地农民铺好了一条增产增收的新路子，在种植品种选择上有了新抓手。

第六章

真情凝聚，人定胜天

第一节　攻坚克难好领导

自脱贫攻坚战打响以来，镇赉县认真贯彻落实中央和省、市决策部署，将脱贫攻坚作为最大的政治任务和第一民生工程，统领全县经济社会发展全局，突出重点精准发力，凝心聚力扎实推进，各项工作取得了显著成效。

6—1 县领导走访贫困户，帮助解决生活中的难题

1. 在组织领导上，打造"齐力攻坚"新体系

强化县委统领，建立了"1+N"组织领导体系。成立由县委书记、县长任组长的脱贫攻坚领导小组，下设产业发展、危房改造、安全饮水、庭院经济、社会扶贫等 28 个专项小组，县级四个班子领导分别任专项小组组长，明确各专项小组职责任务，做到管行业必管脱贫、管业务必管脱贫，变"党政班子二人转"为"四个班子一台戏"，形成了县委统领、条块结合、分兵把口、各负其责的工作格局，凝聚了县级领导人人抓扶贫的强大合力。

2. 在压实扶贫责任上，扛起"书记主抓"新使命

按照习近平总书记"五级书记"抓扶贫的指示要求，把脱贫攻坚作为县委、乡镇、村三级书记第一工作责任，建立落实县委书记带头联系乡镇、贫困村、贫困户和乡镇党委书记包抓贫困村、贫困户工作体系，涉及脱贫攻坚任务的 11 个乡镇党委书记立下军令状，层层签订责任书，形成了三级书记抓扶贫、全员参与促攻坚的新局面。严格落实县委书记亲自抓的政治责任，县委常委会会议反复议方案、听汇报、定措施、解难题，坚持每月至少召开一次脱贫攻坚工作会议研究解决具体问题、细化落实帮扶措施，带头深入贫困村、贫困户了解情况、指导工作、解决问题、传导压力，带动全县各级领导干部用心用情用力做好联系帮扶工作。靠压实乡镇书记具体抓的直接责任，亲自把关审核"一户一策"精准脱贫计划，定期组织召开帮扶工作会议，主动加强与帮扶单位沟通衔接，认真谋划产业发展、项目建设等重点工作，全力以赴抓脱贫攻坚。强化细化村级书记一线抓的工作责任，选派 141 名优秀干部担任村党组织"第一书记"，帮助村党组织理清发展思路、培育特色产业、提升治理水平、破解发展难题，不断增强村党组织的凝聚力、号召力和战斗力。村级书记主动联系帮扶单位引

6—2 县领导深入黑鱼泡镇岔台村走访贫困户

资金、落项目，逐人逐户摸排实情，想方设法加快发展，干在项目一线、冲在扶贫前沿，充分发挥了脱贫致富头雁作用。

3. 在党建引领上，推行"互助帮扶"新模式

注重发挥基层党组织在脱贫攻坚中的战斗堡垒作用，采取"外引内学、互动交流"的方式，组织召开学习会、座谈会、培训会，培养村党组织党员骨干、致富带头人160人到示范村、贫困村交流经验、推广技术、传授本领40多场次，一对一帮、手把手教，帮助贫困户解决难题200多个；组织贫困村党员群众到示范村产业基地、专业合作社、脱贫示范户参观学习18批次，开阔眼界、启发思路、学习技术，激发贫困村党员群众立志脱贫的内生动力。抓实帮扶工作，实行"321"结亲包保帮扶。党政机关干部每人包保3户，事业单位职工每人包保2户，中省直单位和企业单位每人包保1户，包保干部带着感

6—3 在哈吐气蒙古族乡宝山村召开"三帮扶一推动"碰头会，并驻村走访贫困户

情上门"认亲"，带着酒菜入户请客，将心比心，以诚换诚，帮扶工作真正建立了互信，形成了互动。实行"4+4"精准帮扶。包村部门的4项精准帮扶任务，分别是突出抓好集体经济、产业发展、基础设施和民生民利工作；包户干部的4项精准扶贫任务，分别是突出抓好庭院经济、围墙整理、卫生整治和住房内部设施修缮工作。实行"1×5"互助帮扶。创建包保帮扶互助机制，5个包保干部为1个互助组，一台车下乡，五个人想事，帮扶力量和智慧都放大了5倍。解决帮扶工作思路不多、力量不均、工作不实等突出问题，通过五人互助帮扶，让群众看得见、更认可。

第二节　最美第一书记

1. 扶贫干部卢铁"疯"

镇赉县林业局林业稽查大队副队长卢铁峰，男，2004年加入中国共产党；2005年复员在林业局工作至今。

2016年5月1日，卢铁峰被派到莫莫格蒙古族乡乌兰召村任党组织第一书记。乌兰召村有3个自然屯，总户数410户，总人口

6—4 卢铁峰在劳作

1189 人。现有建档立卡贫困户 165 户 279 人。2016 年脱贫 157 户 263 人，2017 年脱贫 1 户 3 人，未脱贫 7 户 13 人。近三年来，在林业干部全力以赴的包保帮扶中，特别是全县脱贫摘帽 653 百日攻坚后，陈年垃圾得到清理、红花绿树掩映着农家院、造型各异的围墙和围栏清新整齐，小村发生了翻天覆地的变化，凝聚着包保干部的辛勤汗水，村民盛赞包保干部的真帮实扶。乡里 3 次组织各村到乌兰召村学习经验做法；省、市、县政协领导也先后多次到乌兰召视察；市委宣传部和组织部调研学习乌兰召脱贫攻坚和党建工作做法，2017 年被省委组织部评为"农村党建星级村党组织"。作为驻村第一书记（党建指导员），卢铁峰是全乡的学习典型。2018 年 7 月，他事迹相继发表于《白城日报》1 版、吉林日报头条及北京时间等多家网络媒体，镇赉电视台先后 2 次专题报道其驻村事迹，并且 2 次采访视频被转发至腾讯视频、优酷视频等。

两年前卢铁峰来到莫莫格蒙古族乡乌兰召村党组织第一书记。当时，人们看到的是一位身材高大、皮肤白皙的青年大家亲切地叫他峰子；两年后的今天，大家笑称他"疯"子，缘于他驻村帮扶以来，完全变成了一个风风火火工作、实实在在帮扶的人。初来乍到的那个时尚青年，如今俨然变成了一个粗手大脚的黑脸大汉：脚踩一把铁锹就植树、手挥一把镰刀就割麦；扛起带着土坨子的松树苗、背起绿化的铁栅栏，个个都是一百多斤，手臂和肩上刮起一道道伤痕，前胸和后背淌下一滴滴汗水。他过度劳累倒地睡着的形象，让人们感动不已，家人看到报纸上的照片都备感怜爱。他用实实在在的帮扶行动，证明了自己是不愧党员本色的包保干部，是称职的第一书记。

他原来没有农村生活经历，对农业也是一窍不通。但卢铁峰被派到乌兰召村任党组织第一书记驻村后，认真与村干部谋划扶贫产业，起早贪黑帮助村民发展庭院经济，熟练掌握了栽枸杞、种香瓜等农业生产技能；同时，为了给驻村工作队的伙食点节省开支，他还学会了种菜、制作大酱和做饭。

全县脱贫摘帽653百日会战以来，卢铁峰每天都是清晨4点多起床，整治环境卫生、绿化美化村屯、建设围墙、发展庭院经济，他时时处处发挥着模范带头作用。长时间过度劳累，他患严重的静脉曲张，左腿明显比右腿粗一些，村医提醒他多休息、少站着，而他每天都在超负荷地劳动。在绿化带除草时，双臂上起了一层又一层白皮，除草机刀片将他的腿割伤多处，大家劝他休息，他简单将伤口包扎后又继续锄草；夜里，由于静脉曲张导致腿疼难以入睡时，他就把腿垫得很高，早晨四点多就起床劳动了。58岁的母亲，患有心脏病和高血压，为了不让母亲看到自己的一身伤痛，他也不敢回家照顾母亲。5月，正值"四项重点"工作关键时期，他又患上了带状疱疹，靠敷药应付了半个月，也没回城就诊，晚上疼痛加重时只睡两三个小时，却从来没有耽误第二天入户劳动。

他深爱自己的家人，更关爱着贫困户的冷暖。两年来，卢铁峰切实把贫困户当成自己的亲戚去帮助和照顾他们。春节，他为吴桂荣等

6—5 卢铁峰在田间劳作

20 多贫困户送米面油等节日慰问品。为了发展庭院经济，促进贫困户增收，他帮助村民销售鸡鸭鹅蛋，帮助王国友等贫困户增收 700 多元。6 月，明嘎屯 88 岁赵德富家种植的玉米被野生动物獾子啃食后，看到老人家焦急的样子，他不顾腿伤，奔波于野生动物保护站、农业局、发改局，通过他的协调，给予赵家相关赔偿。他还帮助赵家 320 平方米的大棚香瓜育苗和田间管理，提供黑枸杞苗、大蒜苗，栽植后，帮助后期管理和销售；在拆除废弃土仓子时，村民不接受，他便苦口婆心相劝，吴国发家的仓子终于拆除了，天天找他发牢骚说家里的闲置物件没地方放，他就顶着烈日帮他们归置好。他的真情也打动了村民，把他当成好朋友、好亲戚。看着他累黑了、累瘦了，他们都心疼这个城里来的"好亲戚"。

如今，当人们走进乌兰召村党组织办公室，首先映入眼帘的是一块匾，上面醒目地写着"山清水秀，村富民康"。这是 1963 届乌兰召小学毕业生在全国各地退休的老干部重游小村时赠送的，他们感慨这

6—6 曾繁聪在劳作

里发生的巨变，表达了他们对村干部和驻村工作队的由衷敬佩。

2. 我和宝山有个约定

　　曾繁聪驻村以来，连续两年被镇赉县委、县政府评为"优秀村党组织第一书记"。自 2016 年 5 月起，担任镇赉县哈吐气蒙古族乡宝山村党组织第一书记。在帮扶工作中，他不辱使命、不负众望，从镇赉县人社局绩效考核科负责人，历练成为会养殖懂种植、搞工程善规划、理关系跑项目、抓党建带队伍、勤疏导控矛盾的"多面手"。这都源于他和宝山村有个美丽的约定：村民不脱贫，我就不离村！

　　2016 年 5 月 8 日，初到宝山村的曾繁聪，在这里度过了 36 岁生日，一碗鸡蛋面吃起来有些难以下咽。全村走一遍，他发现，这里远比想象的要贫困，低矮的泥草房、土围墙乱柴草、低洼不平的村路、脏乱的环境卫生……让他备感驻村的责任与压力。2018 年 5 月 9 日，

6—7 第一书记曾繁聪在田间劳动

他在这里度过 38 岁生日，还是一碗鸡蛋面吃起来却"有滋有味"。

　　在曾繁聪和所有包保干部的不懈努力下，小村发生了显著变化。特别是全县打响"653"百日会战以来，他和局领导干部齐上阵，坚持"阶段工作回头看、短板工作回头干"，大干一个多月，扎实推进"四项重点工作"。宝山村下辖 6 个自然屯中 3 个屯的围墙是土墙和树根围墙，砖墙不足十分之一，修缮难度大、困难多。县包保领导和包保部门、乡镇负责人多次逐屯逐段现场研究，在尊重村民意愿、考虑村集体收入的情况下，确定大青屯、敖先屯、农乃屯保持原围墙不变，重点新建韭菜屯砖墙 2200 延长米，宝山屯、双乃屯修缮水泥板围墙 800 延长米，预计投资 40 万元。局里出动 100 余人次及钩机、铲车等设备 60 余台次，曾繁聪和干部职工帮助贫困户 42 户打扫卫生，清理垃圾 700 立方米，补植松树 10000 棵、栽植银中杨 1200 株、栽植"草粉花卉" 2000 株，使全村面貌得到根本性改变。他还积极引导农户种植黑小麦 139.1 亩，占全村庭院总面积的 70%，实现了"一村一品"的工作目标，并全部签订订单。

6—8 曾繁聪在劳动

曾繁聪在县城读书、工作，对农村的一切很陌生。驻村之初，村里条件艰苦，从来没做过饭且远离家人的他，只好自己动手做饭。"城里人来了也就是摆摆'花架子'，能干啥实事呀？"初来时，村民们说。他用暖心的实践，赢得了大家的认可。在走村入户、真帮实扶中，他始终把自己当"村里人"、把贫困户当"自家人"、把扶贫的事儿当"个人事儿"。从驻村第一天起，就广泛调研、精准施策、认真履职，与工作队员起早贪黑入户走访、回访、征求意见，填写贫困户信息、做扶贫规划等，常加班到深夜，琢磨如何发展庭院经济、实施产业项目，与村两委成员明确了"养殖产业覆盖，外出务工提升、庭院经济补缺"的发展思路。2017 年年末，宝山村 42 户贫困户 84 名贫困人口加入了大青畜牧养殖农民专业合作社，通过"合作社＋贫困户"模式运营扶贫羊项目，仅半年就人均分红 330 元。曾繁聪充分利用单位的资源优势，协调入村开展培训会、招聘会，累计劳务输出 47 人，户均增收 2000 元。协调 8 万多元庭院经济启动资金，和村两委规划"青杠鸽点上示范、黑小麦线上引领、葡萄栽植面上覆盖"种养结合模式，共发展庭院经济示范户 15 户、养殖肉鸽 220 羽、种植黑小麦 87 亩和葡萄 1400 株，户均增收 1500 元。63 岁的贫困户高兴这样评价他："我家葡萄树都是小曾一手帮忙侍弄的，过上好日子都是他和干部们的功劳。"高兴是三星贫困户，患有先天性小儿麻痹症，夫妻二人丧失劳动能力多年，没有土地，仅靠低保金维持生活。为了改变高兴的生活状况，曾繁聪帮他种植了葡萄。危房改造时，面对独居的年老体弱的 71 岁贫困户张淑琴，他帮助扒旧房、清垃圾，老人搬进新居后，他也经常探望。贫困户孟战林拉着他的手拉家常，老人家幸福的笑容使他深受感染。他在这里发展扶贫羊 339 只、打抗旱扶贫井 15 眼，实现了全村贫困户全覆盖；完成旱田改水田 150 公顷、泥草房改造 18 户，所有贫困户都住进了宽敞新居，他用辛勤的汗水与付出让村民的日子更红火了。

不懈的努力，让宝山村脱贫攻坚工作走在全县前列，代表县里接受省里第三方评估领导小组验收，获好评；2017 年，县委、县政府要求全县向宝山村学习，推广经验做法。曾繁聪的先进事迹在《吉林日报》《白城日报》《新文化报》刊登，代表全县优秀第一书记参加"吉林农民春晚"。告别贫困、崛起宝山，曾繁聪用一名共产党员一心为民的生动实践，在镇赉县脱贫摘帽的进程中、在这片黑土地上驻留了一段光荣岁月。

3. 扎根基层做贡献

"把组织上给我的责任，要变成百姓对我的信任"。这是镇赉县镇赉镇架其村驻村第一书记董达对全村百姓说的一句话。

董达同志自担任镇赉镇架其村第一书记以来，一直严格要求自己，刻苦学习扶贫相关政策，扎实开展工作，牢记职责使命，一心一意抓扶贫，时刻战斗在扶贫攻坚第一线，切实做到了与群众同吃同住同劳动，在实践中创造性地开展工作，确保架其村帮扶活动不走过场、取得了实实在在的效果。

真扶贫、扶真贫离不开真情实感。积极发挥"桥梁"作用，增强帮扶单位、包保责任人与贫困户之间的感情。董达是个 80 后的城里孩子，从未在农村工作和生活过，所以经常利用业余时间苦学习农村生产生活常识，把自己真正变成百姓身边的贴心人。在走访贫困

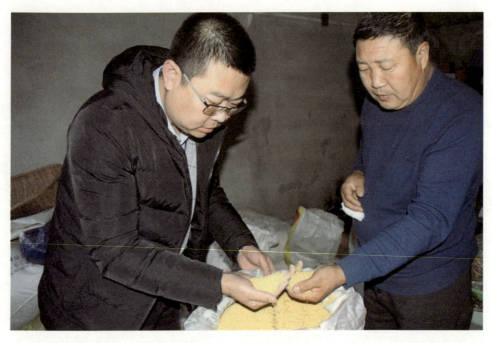

6—9 董达走访贫困户

户程当中，不仅把扶贫政策第一时间细致的讲解给农户，还多次深入农户、田间地头，与村组党员干部、农民群众、致富能手座谈交流，了解每个农户生产生活状况和农户急需解决的实际困难的问题，并认真做好工作日志，详细记录提出的建议。通过到贫困户家中走访座谈，增进了与贫困户的感情，短短 2 个月的时间，就准确掌握了架其村 118 户建档立卡贫困户的详细情况，为更好地开展精准扶贫打下了良好的基础。

在解决实际困难中增进情感。董达同志经常到贫困户家拉拉家常、问问情况，看看他们平时吃什么、穿什么、喝什么、用什么，了解他们的困难和问题，及时与包保责任人联系，多数问题都得到了解决。

在慰问活动中增进情感。董达同志心里时刻想着贫困户，在走访中看到他们生活困难，积极同单位领导汇报、协调其他帮扶单位，对困难贫困户进行慰问。驻村 2 个多月，根据掌握每户的实际生产生活状况，共协调组织了两次慰问活动，给贫困户送去大米、食用油等物资。这些举动，农户都看在眼里，暖在心里，现在农户都亲切地称他，我们村的"小董书记"。

董达同志自驻村工作以来，一直严格要求自己，强化宗旨意识，把"全心全意为人民服务"的宗旨，自觉运用到为贫困群众服务，帮助贫困群众解决困难的实践中。

6—10 董达与村民交流

为住房安全有保障地做好服务。在一次走访过程中，一位82岁老大爷找到他，说房子一遇下雨天就往屋内和院内进水，老两口年老体弱，没有能力整理，看看能不能帮我改造一下房子。他第一时间把问题反馈给村里后了解到，此户已享受过政策，屋内和院内进水是近两年来左邻右舍相继新建房屋导致自家院内低洼地造成的。现有的政策已不能为其改造房屋，他就与村书记共同找其儿女共同解决，经过多次沟通，儿子决定为父母新建40平方米砖房。按照商议计划，他协调机械设备，拆除旧房，平整庭院。老两口经常对他说，等房子建好了去家里做客，要感谢村书记和我们村的"小董书记"。

董达同志在走访贫困户过程中，积极宣传精准扶贫、精准脱贫的各项政策，动员贫困户、贫困人口珍惜大好机会，充分利用现有的各项扶持政策，增强脱贫致富的信心，激发内生发展动力，自力更生、艰苦奋斗，力争在脱贫攻坚的道路上不掉队。

他积极与镇赉镇领导、架其村两委干部以及村党员干部沟通协调，在架其村委会"新时代传习所"，组织学习了"学习党史、牢记宗旨、推动精准脱贫"的党课，强调指出，学习党的历史，就要牢记党的宗旨，在精准脱贫工作中发挥基层党组织的战斗堡垒作用和党员的先锋模范作用，推动精准脱贫工作，打赢脱贫攻坚战。要动员群众自力更生、艰苦奋斗，克服依赖思想，增强精准脱贫的内生动力；要做好"良心、诚信、感恩"教育，提高群众的满意度。

董达同志充分认识到"653百日会战"，是脱贫攻坚冲刺阶段的一项十分重要的举措，也是全面改善村屯"脏乱差"面貌的一次难得机会，更是考验第一书记战斗力的"试金石"。必须付出百分之二百的努力全力推进。一是合力攻坚不怕苦。众人拾柴火焰高。董达同志积极发挥沟通协调作用，把村社干部、党员、包保干部拧成一股绳，齐上阵，咬定目标不放松，一项一项攻坚，一项一项突破，不怕日晒雨淋。在庭院经济方面，董达带领包保部门全部干部职工帮助无劳动能力户和户在人不在户种植庭院经济，累计种植6000平方米，架其村实现了庭院经济无空白，人均庭院经济增收200元。二是敢于投入不为难。抓好"四项重点工作"，先不论标准高低，都要保障必要的资金投入。架其村部分村屯由于基础欠账较多，尤其是土墙多、破房子多，需要的经费较大。既然抓了，就要抓好。董达经与村"两委"商议及本部门多次沟通协商，从部门办公经费中挤出资金，全力推进四项重点工作。在环境卫生整治方面，累计整治街路4条1600延长米，整治庭院53个，清理残墙断壁3500延长米，清运垃圾 600 多吨。在围墙建设方面，投入 15 万元，建设铁网围墙 3000 延长米。在村屯绿化方面，协调相关部门提供树苗，种植果树等树木 12520 棵。

董达同志在脱贫攻坚的道路上，履职尽责，发挥作用，用真心换来真情，用实干赢得信任，心里时时刻刻想着贫困户，挂着贫困户，克服工作和家庭的种种困难，时刻战斗在脱贫攻坚第一线，为打赢脱贫攻坚贡献自己的力量。

4. 做合格党员，当干事先锋

五棵树村位于五棵树镇政府所在地。全村由原 5 个社组成，现有农户 920 户，农业人口 1805 人，目前全村建档立卡贫困户共有 155 户，贫困人口 289 人。该村主要农作物是水稻和玉米。水利局下派到五棵树镇五棵树村的第一书记黄兆岩同志，三年来履职尽责，奔忙于

6—11 黄兆岩走访贫苦户

精准扶贫第一线，为扶贫攻坚做出了应有成绩。

到村后，他迅速走遍全村的 155 户贫困户，访贫因、挖穷根，并深刻认识到贫困村脱贫关键是要培育适合当地的主导产业，解决内生动力，结合村情提出"建产业、强组织、亮新村"的工作思路，以"四个突出"落实脱贫工作，切实推进产业发展，带动群众致富增收，探索出了一条符合五棵树村实际的扶贫工作新路子。

为解决五棵树村基层党建薄弱、发展缺乏带头人的问题，黄兆岩一是积极争取联系水利局帮扶部门，完善村委会办公室设施，巩固党组织活动阵地，为凝聚党员、服务群众提供有力保障。二是认真落实党支部"三会一课"，切实组织开展"两学一做"学习教育活动，利用党员远程教育系统加强教育培训，并按组织要求做好积极分子培养工作。三是以"两学一做"学习教育为契机，以党建工作为抓手，以"四位一体"干部管理制度严格要求自己，认真当好全村"两学一做"的带头人，组织和带领村支部党员干部开展"两学一做"学习教育，做标杆、树榜样，扎实推进"两学一做"学习教育活动。四是"扶贫先扶志，治穷先治愚"，依托党建阵地强化宣传引导。五是坚持"政府引导、群众自愿、社会参与"，突出群众的主体地位和作用，让群众全程参与到扶贫开发中，充分发挥自身的积极性和能动性，加快脱贫致富的步伐，让五棵树村呈现出户户要发展、全村要脱贫的良好发展氛围。

为确保帮扶到位、他集中发力：一是充分发挥包保部门的行业特色。在驻村走访调研过程中，当他了解到当地百姓的需求和现实情况，便积极与各级领导沟通交流，在水利局全力帮扶下，三年来帮助争取、协调项目等合计资金 1500 余万元。二是帮助所有贫困户参加蔬菜大棚种植合作社、养猪合作社，使其到年底都会得到红利。三是全力打造阵地建设。在村上，黄兆岩同志始终把基层组织建设作为扶贫攻坚的首要任务和第一责任，积极争取将村支部阵地建设纳入帮扶计划，购置了计算机、桌椅、打字复印机、文件柜、文件盒、宣传展板等急需的办公设施，并将各类制度进行了上墙、上展板，做到了公示有展板、宣传有橱窗。

作为第一书记，黄兆岩同志带领村"两委"根据贫困户的基本情况，充分尊重贫困户意愿，不搞千篇一律，不搞强制命令，在贫困户房屋

6—12 黄兆岩在劳动

改造上，根据不同情况，确定了危房改造和房屋修缮，在生产就业上确定了劳务输出和发展庭院经济，确保贫困户能脱贫稳的住。特别是在种植业和养殖业，村党支部、村委会依托铁力蔬菜种植专业合作社和仲民养猪合作社增加贫困户的年人均收入，庭院经济中协调四方坨子监狱分局和五棵树村签订土豆、白菜、萝卜等秋菜回收协议，确保农户持续受益。

脱贫攻坚的成效，不仅要群众收入要增加，乡村风貌也要焕然一新。针对贫困村情况，黄兆岩同志向包保部门水利局汇报争取到砂石路建设15公里、水泥路建设150米，到2018年为止通村硬化路，安全饮用水，生活用电，卫生室，有文化室，宽带网等，逐步实现了"村美、业兴、家富、人和"美丽小乡村。

黄兆岩同志自任职于第一书记以来，经过三年的努力，整个五棵树村已呈现出欣欣向荣的发展局面。"欲问秋果何所累，自有春风雨潇潇"，在"第一书记"的岗位上，努力践行"一切依靠群众、一切为了群众"的思想理念，切实帮助和解决群众在生产生活中的实际困难，勤于学习、廉洁自律，时刻保持一名共产党员和基层领导干部应有的清正廉洁形象，在全村广大党员干部中作出表率作用。

第三节　典型脱贫户

1.镇赉县博艺柳编公司助力贫困户农闲增收

镇赉县博艺柳编公司通过免费培训、免费送原材料、现金回收产品等一系列举措，帮助贫困村民年增加收入万余元。2017年元旦前夕，镇赉镇架其村后架其屯和西北围子屯40名村民参加了鸡蛋篮子编织培训班，熟练掌握编织技术后，每月每户贫困户增收1600至2000元。

6—13 架其村屯贫困户徐桂芝在家学编织鸡蛋篮子

6—14 村民崔秀兰通过培训熟练掌握技术

公司负责免费技术培训、成品回收，编织技术简单易学，村民足不出户就可增收。博艺柳编公司技术人员利用半个月时间，在架其村的2个屯传授编织技术，已有20户贫困户熟练掌握了鸡蛋篮子的编织方法，共编织成品1600多个，手工费收益4800元。看到实实在在的效益后，村民学技术的积极性高涨，公司决定在春节后，在架其村的好新屯和前架其屯也相继开展编织技术培训，让更多村民学到技术，早日脱贫致富。

随着编织技术的不断成熟，编织种类的不断更新，作为镇赉县最大的出口企业，博艺柳编的产品远销到美国、意大利等16个国家和地区，年创汇超过百万美元。为了助力全县脱贫攻坚，2016年以来，他们创新了"车间＋炕头＋贫困户"的经营模式，从秋收到春耕，利用5个月农闲时间让贫困户编织创收，通过农户分散加工和企业规模生产的有效对接，让柳编产业成为贫困户增收捷径。截至2018年，该公司已实现带动东屏镇、镇赉镇等乡镇300户贫困户增收的第一步计划。接下来，他们计划将这种经营模式辐射到全县所有乡镇，让贫困村民实现共同增收致富。

2. 葡萄架下的美丽人生

刘玉杰，1990年毕业于吉林农业大学，被分配到一家粮食企业工作。2000年，在沈阳看到大棚种植果树，满眼的绿色和累累的果实深深吸引了她，驱使她与单位签下了停薪留职合同，来到镇赉县五棵树镇栽植反季节果树。在葡萄架下开始了她美丽的创业路。

隔行如隔山。由于她对栽植果树一无所知，这让她经历了一次次的失败。刘玉杰决定放弃果树种植，回原单位上班。可这时恰逢粮食企业改革，她成了下岗职工，没了退路。经过反复思考后，她决定接着从事果树种植，这次她要先学后干，利用两年时间为自己"充电"。经过多次外出取经，她增长了知识、开阔了视野，也改变了思想观念。2007年，她在县城周边重新选址，在镇赉镇太平山村杏花村屯重新规划，采用保护地和露地相结合的方式进行葡萄种植，建起果树栽培示范园。她又走向农博会寻找新的品种，回到母校吉林农大学习技术。2009年，她把原来1000棵葡萄全部更换成了耐寒抗病、优质高产新品种，还建起了3栋日光温室，采取温室与露

6—15 丰收的葡萄园

地相结合的栽植方式，填补镇赉县反季节葡萄市场的空白。第二年，一串串诱人的果实让她信心满满，仅一年她就挽回了前两年的经济损失。随着树龄和产量的不断增加，收入也在增加。由于她的葡萄品种好，市场上售价是外进葡萄的几倍，不足两亩地的 2000 棵葡萄树纯收入达 6 万元。周边农民看到了效益，便向她学习，跟着她干。2011 年，在她的帮助下，全县范围内发展葡萄种植户 100 余户，其中大棚 20 栋、露地面积 100 余亩。她毫无保留地传授管理技术给种植户，比自己种植还要精心。从建园规划、选择苗木品种质量到后期管理以及果品销售，每一个环节都为他们把关。村民刘彦生不仅用种葡萄的收入供儿子读完了大学，还盖起了新房；五棵树镇的毛春雨家，五口之家在刘玉杰的帮助下，种植了葡萄，收入由以前的每年 1 万多元增加到现在的 9 万多元,这让她很欣慰,生出了成功创业的成就感。

2012 年,刘玉杰任社长的宇杰苗木种植农业专业合作社成立,她更加热心地、毫无保留地用技术支持周边农民积极加入合作社。种植户增多了,困难也不断增加。为了让大家掌握技术,她利用冬闲时间带领合作社骨干到沈阳等地学习。在她的热心扶持下,全县范围内带动、发展葡萄种植户 200 余户,其中大棚 50 余栋、露地面积 200 余亩。合作社成员每年仅种葡萄一项户均增收在 1 万元以上,年总收入增加近 300 万元。2014 年合作社被评为省级优秀示范社,2015 年被妇联推荐为吉林省巾帼科技示范基地,2016 年被评为白城市科技示范合作社;她本人也在 2015 年被吉林省科协评为巾帼创业科技致富带头人,2016 年被评为吉林省科普惠农兴村带头人、白城市瀚海乡土优秀人才,并被镇赉县委宣传部、县文明办、县妇联授予敬业创业"最美家庭"荣誉称号。

作为农民的女儿、农业学子、一名新型职业农民,刘玉杰始终有一种为农业增效、农民增收、美丽乡村建设奉献微薄之力的使命感。她看到如今人们生活在钢筋水泥的城市里,生活节奏加快、工作压力变大,人们渴望回归自然,享受农村的悠闲与宁静,认定发展休闲农业是人们生活的需要。于是,她开始着手准备规划建设一个以果树为主的高效生态休闲农业园。看得见青山,记得住乡愁是每个人内心的需求。她决定采用高标准建设,发展现代生态农业,给周边的农民起到示范作用,以点带面,让更多的农民和她一起实现致富的梦想。

3. 大棚改变人生轨迹

宓学忠是哈拉本召村的贫困户,能干、会干、爱琢磨,为人低调老实。因为供两个孩子上学,他本人身体不好,导致家庭贫困。该村支部书记杨文向我们介绍宓学忠:"老宓是'大学漏子',当年差 6 分没考上东北师大，他家地不多，就一垧地，这些年他始终摸索着种植经济作物，但头些年都没挣到啥钱，还供俩学生，生活挺紧巴的。"

宓学忠一脸的淳朴，短发已经泛白了，不爱说话，个子不高，身体略显单薄，的确是个老实的庄稼人。老宓带我们看了他家的庭院大棚和承包地，还说自己十多年来就自学经济作物种植，但各种作物都有独特的种植管理要求，经验不足常常失败，还有小规模种植对接不了市场，他种植的黄菇娘、姜不辣等多个品种都没赚到钱。

2015 年宓学忠家成为建档立卡精准扶贫对象。镇赉县卫计局定点扶贫保哈拉本召村，驻村工作队经常到他家走访，帮助他出点子、想良策，争取让老宓有个"出头之日"。村里和卫计局针对老宓的情况协调资金 7000 元帮他在庭院里建起一栋 720 平方米的大棚发展庭院经济，并请技术员指导种植。2017 年，宓学忠种植一棚西红柿，收入 1 万多元。

初战告捷，老宓信心足了，也知道了需要规模生产才能立足市场，一改往日的低调保守，把成熟的种植技术传授给左邻右舍，纪春华、邢树发等 7 户也相继扣上了大棚，种植西红柿，都增加收入近万元。春节一过，他经常到其他种植户家中，一起研究今年的棚膜发展方

6—16 图为宓学忠

向，告诉大伙只有扩大规模，抱团取暖才能对接市场。果蔬生长期，他一边管护自家棚苗，一边为其他人提供管理技术。不管咋忙，只要种植户有需要他便第一时间赶到现场提供技术保障。

2018年初，驻村工作队决定趁热打铁，带着"志智双扶"的任务到老宓家拉家常，鼓励他增加种植项目，搞"有机果蔬采摘园"，并承诺帮助销售，村书记杨文说已经给他联系好有机肥了，老宓感到心里暖暖的，腰眼上增加了一股无形的力量。老宓在院子里又增加了一个大棚种植草莓，还试种了台湾长果桑树、大樱桃等果树，在承包地还栽植了700平方米紫叶白菜、1700株西蓝花、分梯次种植了几亩地黏玉米。2018年3月10日老宓的草莓开园，县卫计局干部是第

6—17 宓学忠在大棚

一批客户，他们还通过"朋友圈""美篇"等社交软件替老宓宣传，包村干部孟庆波还用自己的车帮老宓往县城市场上和客户家里送货，老宓家的草莓、西红柿因为没用化肥、农药，口感特好，前来采摘的人越来越多，供不应求。各种果蔬在老宓精心侍弄下，采摘期达到了100多天，台湾长果桑卖到了50元一斤。截至2018年，宓学忠的采摘园仅草莓和西红柿已实现收入5万多元。

宓学忠是脱贫带富的一个缩影。勤劳战胜了贫穷，在庭院经济实现突破的同时，宓学忠感受到了党和政府的关心与支持。在宓学忠热心帮助下，其他7户贫困群众也走上了科学种植的致富之路，提高了庭院土地利用率、产出率，实现了从传统种植业向精细化种植发展的经营方式，让贫困村民知道了庭院种植风险小、见效快的特点。调动贫困户内生动力，变"输血"为"造血"，也在哈拉本召村取得了初步成功。

后　记

　　脱贫攻坚是实现我们党第一个百年奋斗目标的标志性指标，是全面建成小康社会必须完成的硬任务。党的十八大以来，以习近平同志为核心的党中央把脱贫攻坚纳入"五位一体"总体布局和"四个全面"战略布局，摆到治国理政的突出位置，采取一系列具有原创性、独特性的重大举措，组织实施了人类历史上规模空前、力度最大、惠及人口最多的脱贫攻坚战。经过 8 年持续奋斗，现行标准下 9899 万农村贫困人口全部脱贫，832 个贫困县全部摘帽，12.8 万个贫困村全部出列，区域性整体贫困得到解决，完成了消除绝对贫困的艰巨任务，脱贫攻坚目标任务如期完成，困扰中华民族几千年的绝对贫困问题得到历史性解决，取得了令全世界刮目相看的重大胜利。

　　根据国务院扶贫办的安排，全国扶贫宣传教育中心从中西部 22 个省（区、市）和新疆生产建设兵团中选择河北省魏县、山西省岢岚县、内蒙古自治区科尔沁左翼后旗、吉林省镇赉县、黑龙江省望奎县、安徽省泗县、江西省石城县、河南省光山县、湖北省丹江口市、湖南省宜章县、广西壮族自治区百色市田阳区、海南省保亭县、重庆市石柱县、四川省仪陇县、四川省丹巴县、贵州省赤水市、贵州省黔西县、云南省西盟佤族自治县、云南省双江拉祜族佤族布朗族傣族自治县、西藏自治区朗县、陕西省镇安县、甘肃省成县、甘肃省平凉市崆峒区、青海省西宁市湟中区、青海省互助土族自治县、宁夏回族自治区隆德县、新疆维吾尔自治区尼勒克县、新疆维吾尔自治区泽普县、新疆生产建设兵团图木舒克市等29个县（市、区、旗），组织29个县（市、区、旗）和中国农业大学、华中科技大学、华中师范大学等高校共同编写脱贫攻坚故事，旨在记录习近平总书记关于扶贫工作的重要论述在贫困县的生动实践，29个县（市、区、旗）是全国832个贫困县的缩影，一个个动人的故事和一张张生动的照片，印证着人民对美好生活的向往不断变为现实。

脱贫摘帽不是终点，而是新生活、新奋斗的起点。脱贫攻坚目标任务完成后，"三农"工作重心实现向全面推进乡村振兴的历史性转移。我们要高举习近平新时代中国特色社会主义思想伟大旗帜，紧密团结在以习近平同志为核心的党中央周围，开拓创新，奋发进取，真抓实干，巩固拓展脱贫攻坚成果，全面推进乡村振兴，以优异成绩迎接党的二十大胜利召开。

由于时间仓促，加之编写水平有限，本书难免有不少疏漏之处，敬请广大读者批评指正！

本书编写组

责任编辑：武丛伟
封面设计：林芝玉
版式设计：王欢欢
责任校对：文　浩

图书在版编目（CIP）数据

中国脱贫攻坚．镇赉故事／全国扶贫宣传教育中心 组织编写．—北京：
　人民出版社，2022.10
　（中国脱贫攻坚县域故事丛书）
ISBN 978 - 7 - 01 - 025205 - 6

I.①中… 　II.①全… 　III.①扶贫－工作经验－案例－镇赉县 　IV.① F126

中国版本图书馆 CIP 数据核字（2022）第 196247 号

中国脱贫攻坚：镇赉故事
ZHONGGUO TUOPIN GONGJIAN ZHENLAI GUSHI

全国扶贫宣传教育中心　组织编写

人民出版社 出版发行
（100706　北京市东城区隆福寺街 99 号）

北京盛通印刷股份有限公司印刷　新华书店经销

2022 年 10 月第 1 版　2022 年 10 月北京第 1 次印刷
开本：787 毫米 ×1092 毫米 1/16　印张：7.75
字数：104 千字

ISBN 978 - 7 - 01 - 025205 - 6　定价：30.00 元

邮购地址 100706　北京市东城区隆福寺街 99 号
人民东方图书销售中心　电话（010）65250042　65289539